AF155470

Gerhard Schneemann

Die kirchliche Gewalt und ihre Träger

Gerhard Schneemann

Die kirchliche Gewalt und ihre Träger

ISBN/EAN: 9783743339989

Hergestellt in Europa, USA, Kanada, Australien, Japan

Cover: Foto ©Lupo / pixelio.de

Manufactured and distributed by brebook publishing software
(www.brebook.com)

Gerhard Schneemann

Die kirchliche Gewalt und ihre Träger

Die

kirchliche Gewalt

und ihre Träger.

Von

Gerhard Schneemann,

Priester der Gesellschaft Jesu.

Motto: Wenn ich mich auch etwas mehr
unserer Gewalt rühmte, die uns
der Herr zur Auferbauung und
nicht zu eurer Zerstörung gegeben
hat: so dürfte ich nicht erröthen.
S. Paul. 2 ad Cor. X, 8.

———

Freiburg im Breisgau.

Herder'sche Verlagshandlung.

1867.

Einleitung.

1. Der Anblick der Natur, die Betrachtung ihrer unbeschreiblichen Fülle, Macht und Schönheit reißt den Menschen zur Bewunderung hin und zwingt ihn, als letzten Grund derselben ein höheres, übernatürliches Wesen anzunehmen. So sehr aber auch die Erkenntniß dieses Urgrundes der Sehnsucht unseres forschenden Geistes entspricht, nichtsdestoweniger wollen wir außerdem die geschöpflichen Ursachen kennen lernen, deren sich die Gottheit in der Natur für ihre wundervolle Wirksamkeit bedient, und die Einrichtung, die Kräfte, das gegenseitige Verhältniß derselben begreifen. Je mehr wir auf diese Weise Einsicht in das innere Getriebe jener ungeheuren Weltordnung gewinnen, desto mehr werden wir zur Bewunderung des göttlichen Meisters angefeuert, der dieselbe durch seine Allmacht und Weisheit gebaut hat.

Aehnliches findet in der übernatürlichen Ordnung Statt. Der Anblick der Kirche, ihrer Dauer, Ausdehnung und Wirksamkeit bietet etwas so Erhabenes, daß wir unwillkürlich ausrufen müssen: der Finger Gottes ist hier, eine übermenschliche Kraft ist in der Kirche thätig, macht ihr innerstes Leben aus. Dann verlangt unser Geist aber auch die innere Einrichtung der Kirche zu durchforschen, die geschöpflichen Ursachen, welche Gott für die Wunderwerke der übernatürlichen Ordnung anwendet, kennen zu lernen und die Kräfte, die Gewalten, womit er dieselben dafür ausgestattet hat, zu betrachten. So schließt sich an die VI. Broschüre, in der wir einen Blick auf die Kirche im Allgemeinen warfen, naturgemäß die gegenwärtige Abhandlung über die kirchliche Gewalt und deren Träger an. Wir erörtern diese Fragen aber nur in soweit, als es uns zur Aufhellung der Encyclica und des Syllabus dienlich erschien; eine ausführlichere Behandlung liegt über den Zweck unserer Broschüre hinaus.

Was der Herr von sich sagt, gilt auch von seiner Kirche, auf welche er die vom Vater erhaltene Sendung übertrug. „Vater, du hast deinem

Sohne die Macht über alles Fleisch gegeben, damit er Allen, die du ihm gegeben hast, das ewige Leben gebe" (Joh. 17, 2.). Eine andere Macht hat auch die Kirche nicht bekommen, dieselbe bezieht sich ausschließlich auf das ewige Heil der Menschen, weil auch die Kirche, wie früher gezeigt ist [1], einzig diesen Zweck hat. Zu diesem Ziele können wir aber nicht ohne die von Gott angeordneten Mittel geführt werden, und demnach verzweigt sich auch die kirchliche Gewalt, welche uns zum Heile leiten soll, so vielfach, als jene Mittel sind.

2. Zweierlei ist nun zur Erlangung der Seligkeit nothwendig: die Gnade und die freie Mitwirkung von Seiten des Menschen. Auf beides muß sich darum die Gewalt der Kirche erstrecken, sie muß die Gnade vom Himmel herabziehen und die Mitwirkung der Menschen ordnen; beide Gewalten hat ihr denn auch der Heiland gegeben [2].

Die Gnade wird nämlich ganz besonders mitgetheilt durch die heiligen Sakramente, und seiner Kirche hat Christus die Gewalt über diese Gnadenquellen verliehen; diese Gewalt wird potestas ordinis genannt, zum Unterschiede von der potestas jurisdictionis. Die letztere umfaßt die gesammte kirchliche Regierung, sie ist eine Gewalt über die Mitglieder der Kirche und regelt deren Thätigkeit zur Erreichung ihres Heiles und zum Wohle des Ganzen. Weil nun der heilige Frohnleichnam im Altarssakramente der Mittelpunkt der Sakramente ist, und von der anderen Seite die Christen Glieder des mystischen Leibes Christi sind, so beziehen die Gottesgelehrten nach dem Vorgange des hl. Thomas die potestas ordinis auf den eucharistischen, die potestas jurisdictionis aber auf den mystischen Leib unseres Herrn.

So haben beide ihren besonderen Gegenstand, mögen sie auch häufig zusammenwirken. Findet aber Aehnliches nicht gleicherweise in der Natur statt? Sind dort nicht auch bei Hervorbringung eines Dinges oft verschiedene Kräfte thätig? Gibt es auch nur Einen menschlichen Act im eigentlichen Sinne des Wortes, bei dem nicht Vernunft und Wille zusammenwirken? Wir dürfen uns darum nicht wundern, daß bei den Sakramenten, worauf die potestas ordinis sich bezieht, auch die Jurisdiction in Betracht kommt. Die Spendung der Sakramente ist eine Handlung, unterliegt deshalb, wie die gesammte kirchliche Thätigkeit, der Jurisdiction, als ordnendem Princip. Ja, bisweilen wird diese Gewalt als eine wesentliche Bedingung zur Gültigkeit des Actes voraus-

---

[1] VI. St. über die Freiheit der Kirche n. 13. [2] Tarquini Institutiones p. 2.

gesetzt. So verhält es sich im Bußsakramente, wobei im Ausspender eine richterliche Gewalt über den Empfänger, also eine jurisdictio erfordert ist. Mögen daher beide Gewalten auch noch so verschlungen zusammen wirken, sie sind doch nicht mit einander zu verwechseln.

3. Verschieden ist der Gegenstand beider Gewalten, verschieden auch ihr Ursprung. Die potestas ordinis empfängt man ex opere operato durch das Sakrament der Weihe, daher ihr Name; die Jurisdiction aber wird durch canonische Sendung mitgetheilt. Die erstere Gewalt ist unverlierbar, dauert selbst nach dem Austritt aus der Kirche fort; der zweiten kann man dagegen auf mannigfache Weise verlustig gehen.

Völlig verschieden sind auch die Grade, in denen man an jeder der beiden Gewalten theilnehmen kann. Die Hierarchie der Weihe ist eine ganz andere, als die der Jurisdiction.

Thatsächlich sind demgemäß die besagten Gewalten der Kirche verschieden, ja, sie sind häufig sogar von einander getrennt. Ein suspendirter Priester hat keine Jurisdiction, wohl aber noch die ganze durch die Weihe mitgetheilte priesterliche Gewalt, und umgekehrt kann man die Jurisdiction eines Bischofes haben, ohne schon zum Bischofe geweiht zu sein. Weil also in der Wirklichkeit der genannte Unterschied herrscht, so muß man auch beide Begriffe unterscheiden, und das um so mehr, als diese Unterscheidung zur Beurtheilung der Gültigkeit und Erlaubtheit kirchlicher Acte erfordert wird, ja zum Verständniß des canonischen Rechtes und der dorthin einschlägigen Fragen durchaus nothwendig ist [1].

---

[1] Gegen die scharfe Unterscheidung macht man die Ausnahme geltend, die bei der Firmung stattfindet. Dieses Sakrament wird nämlich vom Bischof vermöge seiner potestas ordinis gültig gespendet, auch wenn er keine Jurisdiction hat, der Priester bedarf aber zur gültigen Ausspendung der Firmung einer Delegation von Seiten des Papstes, der zu einer solchen Bevollmächtigung vermöge seiner höchsten Jurisdictionsgewalt berechtigt ist. Eine große Anomalie fürwahr, aber doch keine unauflösliche Schwierigkeit. Versuchen wir sie zu erläutern durch eine Analogie aus der Natur. Wir können sehr gut die unverlierbare potestas ordinis, wie sie dem ordentlichen Ausspender eines Sakramentes (minister ordinarius) innewohnt, mit einer natürlichen Kraft vergleichen, weil Gott durch beide die geschöpflichen Ursachen ständig befähigt, gewisse Wirkungen in der von ihm gewollten Ordnung hervorzubringen. Nichtsdestoweniger kann Gott auf außerordentliche Weise dieselben Wirkungen auch ohne jene Gewalt und ohne diese natürliche Kraft durch seine Geschöpfe setzen, oder auch zu diesem Zwecke beide weit über ihr Maß erhöhen. Der Mensch kann durch Anwendung natürlicher Mittel manche Krankheiten heilen, aber hat wohl Petrus durch die natürliche Kraft seiner Stimme oder seines Schattens so Viele gesund gemacht? Das Wasser mag allerdings zur Heilung von Geschwüren eine natürliche Kraft haben, aber ist diese ausreichend, um die plötzliche Reini-

In unserer Broschüre haben wir jedoch zunächst nur von der Juris-dictionsgewalt zu handeln; denn für die Erörterung des Syllabus kommt die potestas ordinis wenig in Betracht. Und zwar wollen wir jene Gewalt zuerst im Allgemeinen betrachten, damit wir hiedurch mehr be-fähigt werden, über die einzelnen von den Gegnern angefeindeten Zweige derselben zu urtheilen.

I. Die Gewalt der Kirche über ihre Mitglieder im Allgemeinen.

4. Christus hat seine Kirche als eine wahre, vollkommene Gesell-schaft gestiftet, er mußte darum auch ihre Mitglieder einer Gewalt unter-ordnen, ohne welche keine wahre, vollkommene Gesellschaft bestehen kann. Doch dieses ist bereits auseinander gesetzt worden; wir hätten darum sogleich zur Betrachtung der Eigenthümlichkeiten jener Autorität über-gehen können, zumal weil in der ersten Broschüre schon bewiesen wurde, daß der römische Bischof eine wahre Gewalt über die Kirche erhalten, und weil ferner der Umfang der im Papste und im Episkopate ruhenden Machtfülle noch später erörtert werden muß. Jedoch wegen der Wichtig-keit des Gegenstandes, der gewissermaßen das Fundament unserer ganzen Untersuchung ist, sei es uns gestattet, aus den vielen Zeug-nissen des schriftlich und mündlich überlieferten Wortes Gottes, welche die Jurisdictionsgewalt der Kirche darthun, einige auszuheben.

5. Vor Allem gehören hierher die Worte, durch welche Christus eine eigentliche Gewalt den Aposteln überträgt. „Wahrlich, ich sage Euch,

---

gung des Naaman vom Aussatze zu erklären? So haben Priester und Diakone kraft ihrer Weihe in dem unverlierbaren Charakter die Gewalt zu taufen empfan-gen, aber darf eine solche Gewalt in einem Heiden vorausgesetzt werden? und dennoch tauft er gültig auch ohne dieselbe, wie Petrus ohne Anwendung einer na-türlichen Kraft die Kranken heilte. Ebenfalls ist nur der Bischof, nicht der Priester, vermöge der Weihe der ordentliche Ausspender der Firmung; aber zum Nutzen der Gläubigen hat Gott gewollt, daß die höchste kirchliche Macht die dem Priester kraft der Weihe innewohnende Gewalt, obwohl sie an und für sich zur Firmung nicht ausreicht, über ihr gewöhnliches Maß hinaus zur Ausspendung jenes Sakramentes befähige. Es ist übrigens diese Anomalie nicht so groß, daß sie auf übernatürlichem Gebiete etwas ganz Ungewöhnliches wäre; denn beruht nicht die gesammte übernatürliche Ord-nung am Ende darauf, daß die geschöpfliche Kraft über die Grenzen der Natur hin-aus zu etwas Höherem erhoben wird? Die in Rede stehende Anomalie zwingt uns also durchaus nicht, die scharfe Unterscheidung der beiden Gewalten aufzugeben, die nun einmal in der That besteht und tagtäglich in der Kirche zur Geltung kommt.

spricht der Herr zu diesen seinen Jüngern, Alles, was ihr auf Erden bin=
den werdet, das wird auch im Himmel gebunden sein: und Alles, was ihr
auf Erden auflösen werdet, das wird auch im Himmel aufgelöst sein."
(Matth. 18, 18.)

Die Beweiskraft dieser deutlichen Worte, welche uns lebhaft die
wesentlichsten Acte der gesetzgebenden und richterlichen Gewalt (Bindung
und Lösung des freien Willens, Verpflichtung und Bevollmächtigung,
Verurtheilung und Lossprechung) veranschaulichen, wird noch durch den
Zusammenhang vermehrt. Christus hatte ja dieselben schon früher zu
Petrus gesprochen, nachdem er unmittelbar vorher diesem Apostel unter
dem Bilde der Schlüssel die Gewalt über die Kirche übertragen. An
unserer Stelle aber hatte er in den vorhergehenden Sätzen ein Gericht
in der Kirche bestellt, vor welches man den unverbesserlichen Sünder
fordern solle, und dann hinzu gefügt: „Wenn er aber die Kirche nicht
hört, so sei er dir wie ein Heide und öffentlicher Sünder." (Matth. 18, 17.)
Der Heiland will darauf den Grund angeben, warum Jeder, der sich
dem Richterspruch der Kirche nicht unterwerfe, als ein öffentlicher Sün=
der anzusehen sei, und sagt deßhalb zu den Aposteln: Wahrlich, ich sage
euch, was ihr bindet u. s. w. Das heißt: Alle eure Anordnungen
und richterlichen Aussprüche haben Geltung vor Gott, müssen deßhalb
auch von den Menschen geachtet werden, so daß ein Jeder, der sie ver=
achtet, Gottes Autorität verachtet, und als ein Heide und Sünder an=
zusehen ist. Was ist klarer, was bezeichnender, als diese Stelle? Sie ist
kräftig genug, um die Leugner der kirchlichen Gewalt nicht nur verstum=
men, sondern auch erbleichen zu machen. Der kirchlichen Autorität mögen
sie trotzen, können sie damit aber auch dem Gerichte Gottes entgehen?

Denselben Gedanken können in ihnen auch jene Aussprüche wecken,
durch welche Christus seine Sendung an die Apostel überträgt: „Wie
mich der Vater gesendet hat, so sende ich euch." (Joh. 20, 21 ff.) Kraft
dieser Uebertragung wollte er, daß man die von ihm seinen Jüngern
verliehene Autorität gleich der seinigen achte: „Wer euch höret, der
höret mich; wer euch verachtet, der verachtet mich." Unmöglich kann man
nun leugnen, daß Christus eine wahre und wirkliche Gewalt über die
Menschen gehabt. Niemand kann darum auch bezweifeln, daß die Apostel
eine wahre und wirkliche Gewalt in Bezug auf den Zweck hatten, wo=
zu sie von Christus ausgesendet wurden.

6. Diese Gewalt haben denn auch immer die Apostel ausgeübt.
Sie rühmten sich „der Gewalt, die ihnen der Herr verliehen" (2 Cor.

10, 8.), sie sprechen von ihrer Strafgewalt als „einer Ruthe", um „jeden Ungehorsam zu rächen", um die halsstarrigen Sünder in der Kirche „drinnen zu richten". (1 Cor. 5, 21; 6, 12; 2 Cor. 10, 6.) Kraft dieser Gewalt stießen sie denn auch solche Sünder aus der Gemeinschaft der Gläubigen; kraft dieser Gewalt bestellten sie Presbyter in den einzeln von ihnen gegründeten Kirchen. (Ap.-Gesch. 14, 22.) Kraft dieser Gewalt beschlossen sie im Namen des hl. Geistes, den Christen als eine „nothwendig" zu tragende „Last aufzulegen", daß diese sich enthalten sollten vom Blute und Erstickten, deren Genuß doch an und für sich gewiß erlaubt ist, und sie sorgten dann dafür, daß diese „Gebote" in den Gemeinden beobachtet würden. (Ap.-Gesch. 15, 28. 41.) Doch was mache ich viele Worte? Welcher Christ wird denn leugnen, daß die Apostel eine wahre Gewalt vom Herrn empfangen und sie dann unter den Christen ausgeübt haben?

7. Aber, könnte man nicht zweifeln, ob diese Gewalt in der Kirche fortdauern sollte? Denn die Apostel besaßen doch außerordentliche Gnadengaben, die nicht auf ihre Nachfolger übergingen.

Dieser Einwurf ist unschwer zurückzuweisen. Er verliert alle seine Kraft, wenn wir auf die Ursache zurückgehen, warum die Apostel jene wunderbaren Gnadengaben besitzen mußten. Diese ist nun ohne Mühe zu finden; denn es liegt auf der Hand, daß bei der Gründung der Kirche Manches erheischt wurde, was zur Erhaltung derselben minder nöthig war; gerade so wie man, um ein Gleichniß Gregors des Großen anzuwenden, eben erst gepflanzte Bäumchen so lange, aber auch nur so lange begießt, bis sie Wurzel gefaßt haben. Immerdar sollte nun die Kirche leben. Nebst den außerordentlichen, für ihre Gründung den Aposteln verliehenen Gnadengaben wurde Anderes fortwährend zu ihrer Erhaltung und zu ihrem Besten erheischt. Die ersteren brauchten nicht von den Aposteln auf ihre Nachfolger überzugehen, wohl aber das Letztere, wenn anders die Kirche fortdauern sollte. Nun haben wir es leicht, unsern Satz zu beweisen. Denn wie verhält sich die Gewalt eines Vorstehers zu einer großen, einheitlich organisirten Gesellschaft? Ist sie etwas Außerordentliches oder aber ein Mittel, das zum Wohle einer solchen Gesellschaft fortwährend gefordert wird?

Wir haben diese Frage schon früher beantwortet, aber auch ohne dieß zeigt uns ein Blick auf die Erfahrung, daß zur Leitung eines großen gesellschaftlichen Körpers ein Haupt gehört. Die den Aposteln von Christus verliehene Gewalt zur Regierung der Kirche war mithin keine außerordentliche Gnadengabe, sondern wurde zum Wohle der Kirche beständig erfordert und mußte deshalb auf ihre Nachfolger sich vererben. Diese Beweisführung wird unwiderleglich durch die letzten Worte Christi gestützt. „Mir ist alle Gewalt gegeben im Himmel und auf Erden. Darum . . . lehret alle Völker und taufet sie . . . . und lehret sie Alles halten, was ich euch befohlen habe, und siehe, ich bin bei euch alle Tage bis an's Ende der Welt." Was besagen solche Worte? Offenbar, daß die Apostel taufen, lehren, beaufsichtigen würden bis zum Ende der Welt. Sie blieben aber so lange nicht persönlich, sondern nur in ihren Nachfolgern, welche, wie sie, und kraft des ihnen von Christus gegebenen Auftrages die apostolische Thätigkeit zum Heile aller Völker ausüben. Christus spricht also mit seinen Worten die Fortdauer des Amtes und folglich auch der damit verbundenen Gewalt bis zum Ende der Welt aus.

8. Aus der Handlungsweise der Apostel leuchtet ganz dasselbe hervor. Sie verordneten überall Bischöfe und Presbyter, welche die Leitung der von ihnen gegründeten Gemeinden übernehmen sollten, und befahlen denselben, hinwiederum andere anzustellen (Tit. 1, 5.). Die Briefe, welche Paulus an Timotheus und Titus schrieb, enthalten eine Masse Vorschriften über die Regierung der ihnen anvertrauten Kirchen[1], und der Apostel setzt in seinem Jünger offenbar eine wahre Gewalt voraus, wenn er ihm aufträgt, „zu gebieten und zu lehren"; wenn er ihn ermahnt, „diejenigen, die gut vorstehen, zu belohnen"; wenn er endlich hinzusetzt: „Gegen einen Presbyter nimm keine Klage an, außer bei zwei oder drei Zeugen." Ein solches Gebieten, ein solches Belohnen der Vorsteher, ein solches Richten, bei dem Kläger und Zeugen auftreten, weist doch wohl auf die Ausübung einer eigentlichen Gewalt hin (1 Tim. 4, 11; 5, 19.).

Ganz allgemein heißt es ferner im Hebräerbrief: „Gedenket eurer Vorsteher . . . . Gehorchet euern Vorstehern und seid ihnen unterwürfig; denn sie wachen für eure Seelen als solche, die Rechenschaft geben werden" (Hebr. 13, 7. 17.). Der wiederholt gebrauchte Name „Vorsteher", die Pflicht des Gehorsams und der Unterwürfigkeit, die strenge Rechenschaft, welche die Vorsteher in Betreff ihrer Untergebenen ablegen müssen, alles ist ein Zeichen einer wahren Gewalt in den Vorgesetzten.

Diese schwere Rechenschaft und strenge Verantwortlichkeit für die untergebene Herde legt der Apostel den Vorstehern in seiner Abschiedsrede

---

[1] Siehe v. Döllinger, Christenthum und Kirche, S. 306.

zu Milet auf das Ergreifendste an's Herz: „Habet Acht auf Euch und auf die ganze Heerde, in welcher Euch der h. Geist zu Bischöfen gesetzt hat, die Kirche Gottes zu regieren, die er mit seinem Blute erworben." Wie im Hebräerbrief von Vorstehern die Rede ist, so hier vom Regieren[1], und der Apostel leitet diese Gewalt zu regieren nicht vom Volke, sondern vom heil. Geiste ab, den in der That Christus den Aposteln bei ihrer Sendung gegeben (Joh. 20, 22.), und den die Apostel durch gleiche Sendung und durch die Weihe auf ihre Nachfolger überleiteten[2]. Könnte man nach einer solchen Zahl von Zeugnissen noch zweifeln, daß Christus eine wahre Regierungsgewalt in seiner Kirche angeordnet habe, welche von den Aposteln auf deren Nachfolger übergehen sollte? Nun, was bedeuten denn die Worte: Gewalt, Vorsteher, Unterwürfigkeit, Gebot, Regieren, Vorstehen, Richten, Annehmen von Klagen u. s. w., die uns in jenen Zeugnissen begegnen? Was wollen denn anders alle jene Bilder, wie: die endgültige Macht zu binden und zu lösen, das Hirtenamt, die Ruthe, die Bestrafung des Ungehorsams, das Auflegen der nothwendig zu tragenden Last? Stimmt ferner die Anordnung einer Gewalt nicht auf das Vollkommenste mit der Absicht Christi überein, eine wahre, vollkommene, alle Zeiten und Orte umspannende Gesellschaft zu gründen? Hat endlich nicht das gesammte christliche Alterthum die Worte Christi so verstanden? Doch hiermit sind wir zum Beweise unseres Satzes auf ein andres Gebiet gekommen, das so weitschichtig ist, daß uns die hier nothwendige Kürze gebietet, nur darauf hinzuweisen.

9. Der hl. Bischof und Märtyrer Ignatius schärft keine Pflicht dringender, keine häufiger ein, als die des Gehorsams gegen den Bischof; nichts soll ohne ihn in der Kirche geschehen, sonst würde das Gewissen befleckt[3]. Warum diese wiederholte Mahnung? warum diese strenge Forderung, wenn nicht der Bischof eine wahre geistliche Gewalt hätte, ja, wenn nicht hierauf die ganze kirchliche Ordnung beruhte? Denn, um mit den Worten Cyprians zu sprechen[4], „aus göttlichem Gesetz stammt

---

[1] Das entsprechende Wort des griechischen Textes bedeutet zwar zunächst „weiden", dann aber auch ganz gewöhnlich „regieren", wie bereits die uralte lateinische Uebersetzung es wiedergibt.

[2] 1. Tim. 4, 14. 2. Tim. 1, 6.

[3] Ad Trall. c. 6. In diesem kleinen Briefe kommt Ignatius nicht weniger als fünfmal auf die Unterwürfigkeit gegen den Bischof zurück.

[4] Inde .... decurrit ratio Ecclesiae, ut Ecclesia super episcopos constituatur et omnis actus ecclesiae per eosdem praepositos gubernetur. (Ep. 27. Opp. S. Cypr. ed. Baluzii. Paris, 1726. p. 37.

die Einrichtung der Kirche, daß die Kirche auf die Bischöfe gegründet ist, und jeder Act der Kirche durch dieselben Vorsteher regieret wird."

Dieselbe Vorstellung erhalten wir aus Justinus, wenn er in seiner Apologie schlicht und einfach die Grundzüge des christlichen Glaubens darstellt. Er berichtet uns vom „Vorsteher der Brüder", daß er den Gottesdienst leite, das Volk unterrichte und das kirchliche Vermögen verwalte.

10. In jener Zeit freilich hatte die kirchliche Gewalt nicht jenen Glanz, den sie jetzt entfaltet. Aber man bedenke die verhältnißmäßig große Zahl der Bischöfe und den geringen Umfang ihrer Gemeinden — der hl. Gregor Thaumaturgus fand in seiner Bischofsstadt nur 17 Christen vor — und man wird jenes begreiflich finden. Ganz abgesehen von den höchst einfachen Verhältnissen der ersten christlichen Zeit, von der Liebe, welche die ganze Gemeinde in Ein Herz und Eine Seele umschmolz, von der Härte der Verfolgungen, die jeden Prunk verbot, mußte es schon wegen der geringen Anzahl der Gläubigen viel familiärer zwischen Bischof und Gemeinde zugehen, als später, da der Bischof Hunderttausenden vorstand. Dennoch machten die Bischöfe auch schon in jenen Zeiten die ganze Macht ihres Ansehens widerspenstigen Christen gegenüber geltend. Man lese nur einmal den 55. und 69. Brief Cyprians [1] und frage sich, ob heutzutage ein Bischof mit mehr Kraft sich auf seine geistliche Gewalt berufen könne. Cyprian nennt dieselbe eine erhabene und göttliche Gewalt, die Kirche zu regieren (gubernandae ecclesiae sublimis ac divina potestas). Gott selbst habe sich gewürdigt, die priesterliche Autorität und Gewalt zu befestigen. Der Bischof sei in der Kirche und die Kirche in dem Bischofe, und wer nicht mit dem Bischof, der sei nicht in der Kirche. Christus habe zu den Aposteln und durch die Apostel zu den Vorgesetzten gesprochen, welche an die Stelle der Apostel getreten: „Wer euch höret, der höret mich, wer euch verachtet, der verachtet mich." Darum erschöpft sich Cyprian gewissermaßen in Ausdrücken, um die Träger der kirchlichen Gewalt als solche zu bezeichnen, er nennt sie: Vorgesetzte, Vorgesetzte des Volkes, Fürsten des Volkes, Regierer der Kirche, Verwalter Gottes, Vorsteher, Rectoren für Altar und Volk aufgestellt, Richter an Christi Statt, Richter von Gott gesetzt u. s. w. Darum verfolgten, wie der hl. Martyrer sagt, die Feinde Christi den Bischof, damit, wenn der Steuermann hinweggeräumt sei,

---

[1] L. c. p. 79 seq. p. 121 seq.

man um so grausamer gegen das Wrack der schiffbrüchigen Kirche wüthe. Daher sei aller Zwiespalt und alle Irrlehre entstanden, daß man dem Priester Gottes nicht gehorche.

Hiernach scheint es überflüssig, die Zeugnisse der Spätern anzuführen, obwohl besonders der hl. Gregor von Nazianz und der hl. Chrysostomus mit dem Strom ihrer Beredsamkeit die geistliche Gewalt erheben, welche „die weltliche Autorität so hoch übertreffe, wie der Himmel die Erde".

11. Daß nun solche Zeugnisse nicht figürlich für eine Gewalt im uneigentlichen Sinne des Wortes genommen werden dürfen, beweist nicht nur die ganze in ihnen herrschende Ausdrucksweise, sondern mehr noch die Geschichte der Kirche. Aristoteles behauptet [1], Befehlen sei der eigentlichste Act der Obrigkeit; nun, keinem Kenner der Kirchengeschichte ist unbekannt, daß, wie die Apostel mit den Aeltesten auf dem Concil von Jerusalem Gebote für die Christen aufstellten, so auch auf den nachfolgenden Synoden Beschlüsse, Canones, mit Gesetzeskraft verfaßt wurden.

Soviel für jetzt; ein ausführlicherer Beweis würde uns in Wiederholungen verwickeln. Bevor wir uns indeß auf eine Betrachtung der einzelnen Theile der kirchlichen Gewalt einlassen, wird eine kurze Charakteristik der Regierungsgewalt im Allgemeinen von großem Nutzen sein. Ohne Kenntniß des Allgemeinen kann man das Besondere nicht würdigen und ganz vorzüglich in unserer Frage wäre man nie auf so thörichte und verderbliche Abwege gerathen, hätte man auch nur ein wenig die für jede Gewalt geltenden Grundsätze im Auge behalten. Mit welchem Rechte will man nämlich der kirchlichen Gewalt verwehren, was einer jeden wesentlich zukommt? Die allgemeine Charakteristik paßt mithin ebenso auf die kirchliche Obrigkeit, als auf die weltliche.

12. Die Obern sollen kraft ihrer Gewalt die Thätigkeit der Mitglieder auf die Erreichung des gemeinsamen Zieles lenken; sie müssen darum die Art und Weise des Zusammenwirkens bestimmen. Wollen Mehrere gemeinschaftlich zu Einem Ziele hin, so fragt es sich vor Allem, welcher Weg einzuhalten sei. Die Obrigkeit soll nun den Mitgliedern anzeigen, was sie zu thun, was sie zu lassen haben, um durch ihr Zusammenwirken das gemeinschaftliche Ziel zu erreichen. Das geschieht aber durch die Gesetzgebung.

Zunächst ist es Sache der einzelnen Mitglieder, diese Gesetze auf

---

[1] L. 4. polit. c. 12. 2. Opp. Aristot. Ed. Didot I, 561.

sich und ihre Handlungen anzuwenden, aber gerade über diese Anwendung entstehen oft Streitigkeiten, besonders wenn sich dabei die Interessen kreuzen. Häufig übertritt man auch die Gesetze. Da muß dann die Obrigkeit einschreiten, und selbst die Anwendung der Gesetze für jene Fälle machen. So werden jene Streitigkeiten geschlichtet, so wird die Abweichung vom Gesetze und die Größe derselben zu Verhängung von Strafe constatirt, so endlich auch das Maß der Strafe durch Anwendung der dieselben normirenden Gesetze festgestellt. Das geschieht durch die richterliche Thätigkeit. Reichen nun jene beiden Gewalten aus? Ist es von Seiten der Obern genug, Gesetze zu geben und ihre Anwendung auf bestimmte Fälle zu machen? Ueberflüssig genug, wenn die Menschen Engel wären. Aber leider sind sie es nicht; leider übertreten sie auch die best erkannten Gesetze, leider verletzen sie die augenfälligsten Rechte. Da muß also wiederum eine Gewalt vorhanden sein, welche Gesetz und Richterspruch in Ausführung bringt, die Thätigkeit der Untergebenen, insofern es zur Erreichung des Zieles nöthig ist, beaufsichtigt, ermuntert und fördert, wo dieselbe mangelt, nachhilft, die Hindernisse und Gefahren des Gemeinwohls beseitigt, die Ausschreitungen bestraft, endlich Hab und Gut der Gesellschaft verwaltet. Ohne diese executive Gewalt würde die gesetzgebende und richterliche bei dem obwaltenden Verderbniß der Menschen völlig unwirksam sein, sie kommt mithin wesentlich einer vollkommenen Gesellschaft zu.

Die Gewalt der Obrigkeit theilt sich sonach in drei Zweige; man muß dieselben unterscheiden, darf sie aber nicht auseinanderreißen. Sie sprossen aus einer Wurzel, tragen sich gegenseitig, ja laufen oft so in einander über, daß es schwer ist, genau die Grenzen jedes einzelnen Zweiges derselben anzugeben.

Diese jeder vollkommenen Gesellschaft innewohnende Gewalt besteht nun auch unter dem Namen potestas jurisdictionis in der Kirche, aber modificirt wegen des ihr ganz eigenthümlichen Zweckes [1].

---

[1] Es wäre eigentlich hier die Stelle gewesen, von der kirchlichen Lehrautorität zu sprechen, da sie einen Theil der Jurisdictions-Gewalt ausmacht. Die Rücksicht auf den Umfang der Broschüre nöthigte uns jedoch, davon abzustehen und die Lehrautorität in einem besondern Hefte zu behandeln, das übrigens bereits in der ersten Broschüre angekündigt wurde.

II. Von der kirchlichen Gerichtsbarkeit.

13. In Betreff dieser Gewalt sind manche Mißverständnisse und Irrthümer aufzuhellen, manche Einwürfe zurückzuweisen, und kaum dürfte auch etwas mehr zur Bestätigung des früher Gesagten beitragen, als eine gründliche Behandlung dieser Frage. Denn wenn der Kirche eine unabhängige richterliche Gewalt zukommt, so besitzt sie eine wahrhaftige Regierungsgewalt, so ist sie eine vollkommene Gesellschaft. Darüber herrscht bei Niemanden Zweifel; doch ebendeshalb bestreben sich die Gegner der Kirche und ihrer Unabhängigkeit auch auf jede Weise diese richterliche Gewalt anzugreifen oder herabzusetzen. Was ab das Schlimmste ist, sie suchen mit süßen Redensarten von der Liebe, von dem geistlichen, überirdischen Charakter der Kirche „die Herzen der Unschuldigen zu be= thören." Die freie Liebe, sagen sie, und nur die freie Liebe soll die Gläubigen in der Kirche vereinigen, zum Unterschied vom Staate, der durch Gewalt zusammengehalten wird. Es kommt darum nach ihrem Systeme der Kirche zum Höchsten nur ein Gericht über diejenigen zu, welche, wie es im Beichtstuhle geschieht, freiwillig ihren richterlichen Ent= scheid nachsuchen, nicht aber eine äußere Gerichtsbarkeit. Andere wollen großmüthiger gegen die Kirche sein und ihr auch diese letztere Gewalt zuerkennen, aber weil die Kirche einen rein geistlichen Charakter habe, meinen sie, könne dieselbe auch nur geistliche Censuren, nicht aber zeit= liche Strafen verhängen, noch weniger physische Gewalt anwenden, um ihre Gesetze und Urtheilssprüche zu vollziehen.

14. Es ist das zuletzt Gesagte die Meinung des Turiner Professors Nuyts, welche schon 1851 durch das Breve Ad Apostolicae verurtheilt wurde. Hieraus ist denn die 24. These des Syllabus genommen, deren erster Theil also lautet:

„Die Kirche hat nicht die Gewalt, Zwang anzuthun."

Nuyts ist dessen so gewiß, daß ihn dünkt, es könne Niemand vom Gegentheil wahrhaft überzeugt sein. Menschen, die sich so in ihre Ideen verrannt haben, gedenken wir nicht zu bekehren; wohl aber hoffen wir, einen billig denkenden Leser von der Falschheit dieses Irrthums zu über= zeugen. Zuvor sei jedoch noch bemerkt, daß wir hier zugleich noch einen andern Irrthum desselben Mannes [1] widerlegen müssen, der durch die Encyclica verworfen ist und also heißt:

---

[1] Im Breve, welches die Werke Nuyts' verurtheilt, wurde im Allgemeinen ge= sagt, daß derselbe die Kirche des äußern Gerichtes und der Coërcitiv=Gewalt beraube.

„Der Kirche steht nicht das Recht zu, die Uebertreter ihrer Gesetze mit zeitlichen Strafen im Zaum zu halten."

Das sind also die beiden Irrthümer, die wir hier bekämpfen wollen.

15. Hat die Kirche, wie bewiesen, eine wahre Regierungsgewalt, so besitzt sie auch eine Gerichtsbarkeit; denn jene ist ohne diese rein illusorisch. In der That, was helfen Befehle und Anordnungen, die man ungestraft übertreten kann? Es ist ferner gewiß, daß diese Gerichtsbarkeit in einer sichtbaren Gesellschaft, wie die Kirche ist, nicht auf den Beichtstuhl eingeschränkt werden darf; daß sie nicht nur eine innere, sondern auch eine äußere ist. Aber auch abgesehen von der Sichtbarkeit der Kirche, welche eine Aufrechthaltung der gesellschaftlichen Ordnung durch ein äußeres Gericht bedingt, wäre es nicht unsinnig, mit Strafen bloß die reuigen, nicht aber die halsstarrigen Sünder zu belegen?

16. Doch wir können uns auf ausdrückliche Worte der Schrift berufen. Der Heiland sagt bei Matth. 18, 17: „Hört er (der Sünder) auch diese nicht, so sage es der Kirche: wenn er aber die Kirche nicht hört, so sei er dir wie ein Heide und öffentlicher Sünder." Offenbar ist hier die Rede vom Ausspruch der Kirche gegen einen bei ihr verklagten, aber halsstarrigen Sünder. Die Kirche hat also nach den Worten Christi das Recht, nicht nur diejenigen zu richten, welche sich freiwillig anklagen, sondern auch diejenigen, welche gegen ihren Willen vor das Gericht der Kirche gezogen werden.

Wir können uns ferner auf den hl. Paulus berufen, der die Excommunication über den Blutschänder verhängt, zudem aussagt, er sei bereit, den Ungehorsam zu rächen, wolle die nicht schonen, welche gesündigt, und endlich den Corinthern droht, mit der Zuchtruthe zu kommen, wenn sie nicht seinen durch Timotheus gegebenen Ermahnungen gehorsam wären [1]. Eben so deutlich ist die Stelle, worin der Apostel dem soeben genannten Jünger folgende Anweisung ertheilt: „Gegen einen Priester nimm keine Anklage an, außer bei zwei oder drei Zeugen. Den Fehlenden weise vor Allen zurecht, damit auch die übrigen sich fürchten." Man erwäge diese Worte und sage, was noch zu einem äußern Gerichte fehlt. Da ist die Rede vom Angeklagten, von einer Anklage, vom Richter, der dieselbe annimmt, von Zeugen, von der Strafe, der öffentlichen Zurechtweisung nämlich, endlich auch vom Zwecke der Strafe, „damit die Uebrigen sich fürchten," dem Fehlenden in der Uebertretung der Gesetze

---

[1] 1. Cor. 4, 21. 2. Cor. 10, 6 ; 13, 2.

nachzuahmen. Darf man trotz so ausdrücklicher Zeugnisse der Schrift leugnen, die Kirche besitze eine äußere Gerichtsbarkeit?

17. Dasselbe ergibt sich aus der Tradition. Um in einer ausgemachten Sache nicht weitschweifig zu werden, wollen wir hier an eine Thatsache erinnern, die von Niemand bezweifelt wird: nämlich an den durch alle Jahrhunderte währenden Gebrauch, halsstarrige Sünder zu bannen. Der Bann ist offenbar ein Act der äußern Gerichtsbarkeit.

Gehen wir jetzt in unsern Schlüssen weiter, die auf das Innigste mit einander zusammenhangen und eben dadurch eine unwiderstehliche Beweiskraft erhalten.

18. Hat die Kirche eine äußere Gerichtsbarkeit, so darf sie auch zeitliche Strafen verhängen, und die schuldig Befundenen nicht bloß geistiger Güter berauben.

Der Beweis ist leicht. Die Strafen müssen nämlich, sollen sie ihren Zweck erreichen, der menschlichen Natur angemessen sein; sie dürfen also für den sinnlichen Menschen des sinnlichen Charakters nicht ganz entbehren. Das erhellt noch deutlicher, wenn wir die verschiedenen Zwecke der Strafe näher erwägen.

Der erste Zweck derselben ist, die durch die Schuld verletzte Ordnung wiederherzustellen. Man könnte sagen, die Strafe solle vor Allem rächen, nur darf man hierbei nicht an die Verkehrtheit der Privatrache denken, welche der genannte Ausdruck leicht in den Sinn ruft. Wie geschieht nun diese Wiederherstellung, diese Rache? Zur Beantwortung dieser Frage sehen wir einmal, wie die in der Kirche bestehende Ordnung verletzt wird. Es ist die Liebe des Irdischen, die dreifache böse Lust, welche die Schranken des von Gott und von der Kirche im Namen Gottes erlassenen Gesetzes durchbricht; denn alle Sünde wurzelt ja in jener Begierlichkeit. Die Ordnung wird nun dadurch wiederhergestellt, daß dasjenige, was sich gegen sie erhoben, niedergedrückt, was sie durchbrochen, zurückgedrängt wird. Wie kann nun die Liebe des Irdischen, welche die von der Kirche gesetzte Ordnung verletzt, wie kann sie wirksam niedergedrückt, zurückgedrängt werden? Offenbar nicht durch bloß geistige Strafen, durch Beraubung geistiger Güter; thun doch dieselben gerade jener nicht sehr weh. Soll also die Ordnung an dem gerächt werden, welches sie verletzt hat, soll das leiden und büßen, welches sich in der Sünde gefreut, so müssen auch zeitliche oder sinnliche Strafen angewandt werden.

Der zweite Zweck der Strafe ist die Besserung; dieselbe soll freilich vom Willen ausgehen, aber so schwach ist besonders im Sünder der Wille, daß er wider den Reiz zur Sünde eines Gegengewichtes bedarf. Worin muß nun naturgemäß dasselbe bestehen? Die Begierlichkeit treibt ihn zur Sünde an; was diese Begierlichkeit schmerzt, sinnliche oder zeitliche, auf die Uebertretung der Gebote gesetzte Strafen müssen ihn davon zurückschrecken, müssen die zur Begehung der Sünde anstachelnde Lust niederhalten und abschwächen.

19. Das hat denn auch die Kirche eingesehen; selbst wenn sie den halsstarrigen Sünder aller ihrer geistigen Güter für unwürdig erklärte, suchte sie diese größte ihrer Censuren durch Hinzufügung zeitlicher Strafen zu verschärfen. Oder hat sie nicht die namentlich Excommunicirten für infam erklärt? Hat eine namentliche Excommunication nicht auch jetzt noch diese Wirkung in den Augen der Gläubigen? Doch war es die Kirche nicht, welche diese Strafe zuerst verhängte; schon der Heiland hat sie angeordnet. Denn wenn er von einem durch die Kirche Excommunicirten sagt: „er sei anzusehen als ein Heide und öffentlicher Sünder", verhängt er da nicht die Strafe der Infamie? Oder ist es für einen Christen nicht in der That infam, von seinen Glaubensgenossen für einen Heiden und öffentlichen Sünder angesehen zu werden?

Die Kirche beraubt ferner einen namentlich Excommunicirten der Lebensgemeinschaft mit den Gläubigen, indem sie diesen verbietet, mit ihm zu verkehren. Sie thut dieß nach dem Vorgange des Apostels, der an die Gläubigen von Thessalonich schrieb: „Wenn Jemand unserm Worte in diesem Briefe nicht gehorcht, denselben merket euch, und habet keine Gemeinschaft mit ihm, damit er beschämt werde". 2. Thess. 3, 14. 6. Aehnliches verordnet er in seinem ersten Schreiben an die Corinther (5, 9—11). Gewiß eine empfindliche zeitliche Strafe, so zwar, daß der hl. Paulus dafür hielt, sie müsse einem Christen unerträglich sein, diese „Züchtigung, die von Vielen geschehen", müsse denselben in die größte Traurigkeit versenken[1]. Auch diese zeitliche Strafe finden wir also schon in der Schrift an vielen Stellen ausgesprochen, und daß sie in der Gegenwart nicht nur ihre Anwendbarkeit, sondern auch ihre alte Kraft behalten hat, dafür liegen Beispiele aus jüngster Zeit vor; wir erinnern nur an eine allbekannte Thatsache, die in der Rheinprovinz geschehen ist.

20. Freilich vermochte die Kirche in der apostolischen Zeit wegen der feindseligen Gesinnung des Staates ihr Strafrecht nicht in vollkomme-

---

[1] 2. Cor. 2, 6. 7.

nem Maße auszuüben; dann ersetzte nicht selten das göttliche Gericht, was dem kirchlichen abging. Petrus vermochte nur Ananias und Sapphira in ernster Weise wegen ihres Betruges zu mahnen, er konnte keine Häscher rufen, um über sie zeitliche Strafen zu verhängen. Da griff denn Gott ein und dieses göttliche Gericht wirkte viel erschütternder zur Unterdrückung der Leidenschaft und zur Befestigung der kirchlichen Autorität, als alle menschlichen Strafen gethan hätten. Ein anderes Gottesgericht kam über den Zauberer Elymas, der die Predigt des h. Paulus zu hindern suchte. Noch ein anderes lesen wir im 2. Kapitel der geheimen Offenbarung. Der Engel (Bischof) der Gemeinde zu Theatyra war zu nachsichtig gewesen gegen „Jezabel, die sich eine Prophetin nennt". Gott will nun selbst die Sache in seine Hand nehmen. „Siehe," sagt er, „ich werfe sie in's Bett, und die mit ihr ehebrechen, in sehr große Trübsal, wenn sie sich nicht bekehren von ihren Werken, und ihre Kinder will ich gewaltsam tödten."

21. Gott will also den Frevler gegen die von ihm in der Kirche gesetzte religiös-sittliche Ordnung auch mit zeitlichen Strafen belegt wissen, so zwar, daß er selbst in schrecklicher Weise diese Sühnung vollführt, wenn die Kirche es nicht thut oder wegen der Zeitumstände nicht thun kann. „Wenn wir uns selbst richteten, würden wir nicht von Gott gerichtet werden." (1. Cor. 11, 31.) Ja, der h. Paulus war so überzeugt von diesem Eintreten der göttlichen Gerechtigkeit, die den von der Kirche verworfenen Sünder dem Fluch des Bösen überantwortete, daß ihm excommuniciren und dem Satan übergeben ein und dasselbe war. Eben an dieser Stelle (1. Cor. 5, 5.), wo er sich so ausdrückt, spricht er auch das der katholischen Lehre zu Grunde liegende Princip auf die klarste Weise aus: „Ich habe beschlossen im Namen und mit der Kraft Jesu Christi, einen solchen (Sünder) dem Satan zu übergeben, zum Verderben des Fleisches, damit der Geist gerettet werde." Also das Fleisch, die Begierlichkeit, die Leidenschaft soll durch die Strafe zum Heile der Seele unterdrückt werden; das vermögen aber nicht rein geistige Strafen, die bloße Beraubung geistiger Güter; es müssen zeitliche oder sinnliche Uebel hinzutreten.

22. Sehen wir also auf die Natur und das Wesen der Strafe, oder aber auf die h. Schrift, so werden wir durchaus gezwungen, der Kirche die Gewalt beizulegen, zeitliche Strafen zu verhängen. Dieselbe hat auch die Kirche von jeher ausgeübt. Aus dem ersten Jahrhundert mögen als Beweis für diese Behauptung die sogenannten canonischen

Strafen dienen. Es waren nicht bloße Bußen, sondern öffentlichen Sün-
dern wurden sie auch gegen ihren Willen auferlegt und zwar unter Androhung ewiger Verstoßung aus der Kirche, sollten sie sich weigern, dieselben
auf sich zu nehmen. Es waren zum großen Theil zeitliche, sinnliche
Strafen; man denke nur an die Entziehung der Speise durch das Fasten,
an die schweren Verdemüthigungen, die mit denselben verbunden waren,
und gewiß würden unzählige Menschen lieber ein Jahr auf der Festung
sitzen, als zwanzig Jahre hindurch jene canonischen Strafen auf sich
nehmen. Das geschah noch in den Zeiten, da die Kirche vom Staate
auf das Heftigste verfolgt wurde. Als aber der Staat in freundschaft-
liche Verhältnisse mit der Kirche trat und sie mit seinem Arme in der
Ausübung ihrer gesammten Gewalt unterstützte, finden wir alsbald mancherlei zeitliche Strafen gegen kirchliche Verbrecher angewandt.

23. Augustinus, der anfangs dagegen war, überzeugte sich später
vollkommen von der Rechtmäßigkeit und Nützlichkeit derselben. „Viele, so
schreibt er seinem Freunde Bonifacius, sind durch sie gebessert und werden
noch täglich gebessert und danken, daß sie gebessert und von jenem ra-
senden Verderben (der donatistischen Ketzerei) befreit wurden. Und so
sehr sie früher in ihrem Irrwahne die ihnen so heilsamen Gesetze (welche
zeitliche Strafen über sie verhängten) verabscheuten, so sehr frohlocken
sie darüber nach erlangter Gesundheit..... Vielen nützte es zuvor,
durch Furcht oder Schmerz gezwungen zu werden, damit sie der Belehrung zugänglich würden, oder das, was sie bereits erlernt, auch durch
die That zu vollführen vermöchten .... Viele werden, bevor sie als gute
Söhne (Gottes) ausrufen: „Ich verlange aufgelöst zu werden und mit
Christus zu sein", gleich schlechten Sklaven und gewissermaßen als boshafte
Flüchtlinge zu ihrem Herrn durch die Schläge zeitlicher Geißel zurück-
gerufen."[1]   Einen ähnlichen Zweck, um dessentwillen die Kirche zeitliche
Strafen verhängt, drückt der h. Gregor I. mit den obigen Worten des
h. Paulus aus; denn nachdem er befohlen hatte, einen abgefallenen
Kleriker körperlich zu züchtigen, gibt er als Grund an[2]: „damit durch
den Schmerz des Fleisches der Geist gerettet werde."

24. Wir sehen denn auch ganz allgemein die körperlichen oder zeitlichen
Strafen von der Kirche angewandt, und zwar folgende: Geldstrafen, Kerker,
Schläge und Verbannung. Sie sind im canonischen Rechte enthalten
und sogar allgemeine Concilien haben sie vorgeschrieben. Statt der

---

[1] Ep. 185. ad Bonif.   [2] Lib. 4. ep. 27. ad Januar.

vielen Citate, die von den Canonisten reichlich gesammelt sind, verweisen wir hier nur auf das Concil von Trient. Es verhängt zeitliche Strafen über die Duellanten und deren Secundanten; über die Concubinen, welche durch den Bischof aus der Stadt oder der Diöcese sollten verbannt werden, über unverbesserliche Geistliche und über die Seelsorger, welche die Residenzpflicht vernachlässigen [1].

25. In der Auflegung zeitlicher Strafen fährt die Kirche auf dem ganzen Erdkreis bis auf den heutigen Tag fort. Noch jetzt gelten die namentlich von der Kirche Gebannten als öffentliche Sünder, mag der Staat auch nicht damit die rechtlichen Wirkungen der Infamie verknüpfen; noch jetzt beraubt die Kirche ebendieselben des Verkehres mit den Gläubigen; noch jetzt entzieht sie die Ehre des kirchlichen Begräbnisses denen, die notorisch in der Sünde starben, und wie schmählich das in den Augen des Volkes ist, zeigt der häufig von ihm gebrauchte Ausdruck: wie ein Hund begraben werden. Noch jetzt straft die Kirche durch gänzliche oder theilweise Entziehung der Pfründen, noch jetzt legt sie den Klerikern Ordnungsstrafen auf, noch jetzt sperrt sie Aergerniß gebende Geistliche ein. Mehr jedoch vermag sie dort, wo noch das alte Verhältniß zwischen Staat und Kirche besteht.

Die Kirche hat aber diese Gewalt ausgeübt, und zwar als ein eigenes, ihr von Christus übertragenes Recht ausgeübt. Wir sahen oben, daß schon der Apostel Paulus im Namen und mit der Kraft Jesu Christi den unzüchtigen Corinther straft „zum Verderben des Fleisches, damit der Geist gerettet werde". Die Kirche hat aus demselben Grunde zeitliche Strafen verhängt in den heidnischen Zeiten, welche ihr keine Concession gemacht, sowie sie dasselbe auch jetzt noch in den Staaten thut, die sie nicht anerkennen: ein Beweis, daß sie dieses Strafrecht nicht erst vom Staate empfangen. Sie beruft sich auch nicht, wenn sie zeitliche Strafen verhängt, auf eine Bewilligung von Seiten der Fürsten, sie thut es vielmehr kraft der Gewalt, die sie vom Herrn über den ganzen, aus Seele und Körper bestehenden Menschen empfing. Sie soll ja auch den ganzen Menschen zum ewigen Ziele leiten und thut es durch Lehre, Sakramente, Gesetze, aber auch durch Strafen.

26. Was folgt nun aus unserer bisherigen Erörterung? Zweierlei; zuerst ergibt sich mit Unfehlbarkeit aus der allgemeinen, selbst durch

---

[1] Sess. XXV. de ref. c. 19. Sess. XIV. de ref. matr. c. 7. Sess. XXI. de ref. c. 6. XXIII. de ref. c. 1.

Päpste und ökumenische Concilien befolgten Disciplin, daß die Verhän=
gung zeitlicher Strafen durch die Kirche ganz im Einklang mit dem ka=
tholischen Glauben sein muß, dann aber auch, daß die Kirche wirklich
die Gewalt dazu hat. Denn sonst hätte sich ja die Gesammt-Kirche be=
harrlich eines Unrechts schuldig gemacht, was offenbar gegen ihre Unfehl=
barkeit [1] in Sachen des Glaubens und der Sitten ist. Wir müssen jedoch
noch eine weitere Frage stellen.

27. Wie? wenn physische Gewalt zur Ausführung des kirchlichen
Urtheils von Nöthen ist, darf dann die Kirche auch diese anwenden?
Hierauf hat Pius IX. mit Verdammung der verneinenden Lehre geant=
wortet. Bevor wir aber diese Entscheidung rechtfertigen, müssen wir
zuerst deren Sinn feststellen, da die Gegner gerade aus der Verdre=
hung der kirchlichen Lehre ihre hauptsächlichsten Einwände hergenommen
haben.

Ist das der Sinn der katholischen Lehre, daß die Kirche selbst Sol=
daten und Häscher halten müsse? Dieses nämlich hat Nuyts, dessen Irr=
thum verdammt wurde, besonders lächerlich gemacht in seiner Schrift,
die er nach der Verurtheilung herausgab. Aber das ist durchaus nicht
von Pius IX. gesagt, noch von der Kirche beansprucht. Wir dürfen also
den Satz so verstehen, daß die Kirche zur Ausführung ihrer Gesetze und
Urtheilssprüche und zur Wahrung ihrer Rechte die physische Gewalt des
Staates beanspruchen darf, und derselbe, wenn er anders nach den in
der göttlichen Wahrheit und im Rechte begründeten katholischen Princi=
pien handeln will, sich verpflichtet erachten muß, der Aufforderung der
Kirche nachzukommen. Diesen Sinn bieten uns auch wirklich die kirch=
lichen Canones und Konstitutionen, in denen zeitliche Strafen angedroht
werden. Nichts ist ihnen gewöhnlicher, als die Formel: invocato, si
opus erit, brachio saeculari (nöthigenfalls mit Anrufung des weltlichen
Armes). Gemäß dieser Auffassung ist aber die katholische Wahrheit
leicht zu vertheidigen.

28. Hat die Kirche nämlich ein wahres Recht, zeitliche Strafen zu
verhängen, so darf sie auch physische Gewalt zum Schutze ihres Rechtes
aufbieten. Das ist ja einer jeden Rechtsordnung eigenthümlich, und ganz
unbegründet ist es, die Anwendung physischer Gewalt bloß auf bürger=
liche oder politische Dinge beschränken zu wollen. Darf nicht ein Vater

---

[1] In der Abhandlung über die kirchliche Lehrautorität werden wir die Kraft des
aus der beständigen Praxis der Kirche geschöpften Beweises eingehend begründen.

gegen einen ungehorsamen Sohn physische Gewalt gebrauchen und nöthigenfalls die Polizei herbeirufen?

Warum sollte auch nicht eine sittliche oder religiöse Rechtsordnung mit Gewalt geschützt werden können? Bei ihrer Verletzung ist ja gerade die Begierlichkeit, die Leidenschaft thätig, die häufig durch physische Gewalt zurückgedrängt werden kann und sicher auch zurückgedrängt werden muß, da die Erhaltung der sittlichen und religiösen Rechtsordnung zum zeitlichen und ewigen Heil der Menschen und auch zum Staatswohl nothwendig ist.

29. Diejenigen, welche wider die katholische Wahrheit vorgeben, das Anrufen der Staatsgewalt zur Ahndung rein religiöser Vergehen sei gegen die Gewissensfreiheit und andere wesentlichen Rechte des Menschen, möchten wir auf das Alte Testament verweisen, in dem gegen dergleichen Vergehen, als Unterlassung der Beschneidung und der Sabbathruhe, Ungehorsam gegen die priesterliche Autorität, die schwersten zeitlichen und bürgerlichen Strafen verhängt, und die Fürsten wegen deren Ausführung belobt werden. Man wende nicht ein, der jüdische Staat sei ein theokratischer gewesen, seine Gesetze verpflichteten nicht mehr. Alles das ist wahr, aber darum handelt es sich nicht; es fragt sich, ob die Verhängung jener Strafen und ihre Execution von Seiten des Staates gegen das Naturrecht, gegen die wesentlichen Rechte des Menschen sei. Wäre dieses wirklich der Fall, wie hätte Gott das jemals anordnen können?

30. Ein weiterer Beweisgrund ergibt sich aus dem Ursprung der hier in Rede stehenden kirchlichen Gewalt. Denn hat Gott der Kirche eine wahre gesetzgebende und richterliche Gewalt gegeben, so müssen alle Menschen dieselbe als heilig und unverletzlich anerkennen. Wie will nun der Staat die gesetzgebende und richterliche Gewalt der Kirche als heilig und unverletzlich anerkennen, es sei denn, daß er nöthigenfalls seinen Arm zur Ausführung der kirchlichen Gesetze und Urtheile leihe? Fordert das nicht auch die Billigkeit? Wenn die Kirche ihre ganze moralische Macht aufbietet, um die gesetzmäßige Gewalt des Staates zu stützen, wenn sie allen ihren Kindern zuruft: „die Gewalt ist von Gott, wer demnach sich der Gewalt widersetzt, der widersetzt sich der Anordnung Gottes und zieht sich selbst Verdammniß zu", ist es da nicht billig, daß der Staat seinerseits mit der physischen Macht die Autorität der Kirche unterstütze?

31. Wir müssen ferner auf die fortwährende Praxis der Kirche aufmerksam machen. Schon in den Zeiten der heidnischen Kaiser finden

wir ein Beispiel von derselben. Paulus von Samosata war der bischöflichen Würde entsetzt; die Christen wandten sich nun an den Kaiser Au-
relian, damit er den genannten Irrlehrer aus der bischöflichen Wohnung
in Antiochia vertreibe, und der heidnische Fürst willigte ein. Nach dem
ersten allgemeinen Concil von Nicäa verbannte Constantin drei arianisch
gesinnte Bischöfe und bekräftigte durch eine strenge bürgerliche Sanction
das von der Synode erlassene Verbot der von Arius verfaßten Thalia,
und wir dürfen annehmen, daß er dieß auf Anrathen der auf dem Concil
versammelten Väter that. Aehnliches fand in den folgenden Jahrhunderten Statt; auch das letzte allgemeine Concil von Trient wies die
Bischöfe an, nöthigenfalls den weltlichen Arm um Hilfe anzurufen.
Diese Praxis der Kirche wird von den Gegnern nicht bezweifelt, wohl
aber vielfach geschmäht, oder doch getadelt. Anders aber dachte der h.
Leo der Große, welcher schrieb: „Es nützte diese Strenge der kirchlichen
Milde; denn obwohl die letztere, mit dem priesterlichen Urtheil zufrieden,
blutige Ahndungen vermeidet, so wird sie doch durch die strengen Ver-
ordnungen der christlichen Fürsten unterstützt" [1]. Was der h. Augustinus
in den oben angeführten Worten über die Anwendung zeitlicher Strafen
gegen kirchliche Vergehen sagt, gehört gleichfalls hieher, denn der Heilige
spricht dort von den gegen die Donatisten ergriffenen Maßregeln, welche
der Staat auf Bitten der katholischen Bischöfe getroffen hatte.

Aus dieser beständigen Uebung der Kirche können wir in ähnlicher
Weise, wie oben in der Frage über die Verhängung zeitlicher Strafen,
den Schluß ziehen, daß die Anwendung physischer Gewalt zur Ausführung kirchlicher Urtheile ganz und gar dem katholischen Glauben angemessen sei, und die Kirche auch das Recht dazu besitze. Wir wollen
deshalb nicht wiederum dieselbe Beweisführung vorbringen, sondern sogleich zu den dogmatischen Aussprüchen übergehen, welche die Kirche über
ihre richterliche Gewalt erlassen hat; dieselben zeigen, daß Pius IX. nichts
Neues entschieden, sondern nur die alte katholische Wahrheit gegen neue
Angriffe geschützt hat.

32. Hier ist nun zuerst die dogmatische Bulle „Auctorem fidei"
vom 28. August 1794 in Betracht zu ziehen. Sie verdammt in der 4.
und 5. Nummer folgenden von der Synode von Pistoja aufgestellten
Satz: daß es ein Mißbrauch der kirchlichen Gewalt sei, wenn man dieselbe über das Gebiet der Lehre und der Sitten hinausführe und sie

---

[1] Ep. 15. ad Turrib. Opp. ed. Ballerini I. col. 696.

auf äußere Sachen ausdehne und mit Gewalt (per vim) das erheische, was von der Ueberzeugung und dem Herzen abhange, und daß es noch viel weniger ihr zukomme, mit äußerer Gewalt Unterwerfung unter ihre Beschlüsse zu verlangen. Ueber diese Behauptung der Synode hat nun der Papst Pius VI. mit Berufung auf das Breve Benedikt's XIV. „Assiduas" dahin entschieden, daß sie zu einem schon früher als ketzerisch verdammten Systeme führe, in wiefern sie leugnen wolle, daß die Kirche kraft einer ihr von Gott übertragenen Gewalt nicht nur durch Rath und Ueberredung leiten, sondern auch durch Gesetze befehlen und die Uebertreter und Halsstarrigen durch äußeres Gericht und heilsame Strafen in Schranken halten und zwingen könne (coercendi atque cogendi potestas).

33. Benedict XIV. und Pius VI. hatten bei dieser Definition offenbar den XIV. Canon der siebenten Sitzung des Tridentinums de Baptismo und die Bulle Johannes XXII. gegen Marsilius von Padua vor Augen. Das Concil von Trient entscheidet nämlich im genannten Canon:

„Sagt Jemand . . . . (die als Kinder Getauften) müßten, wenn sie erklärten, daß sie nicht (das von den Taufpathen in ihrem Namen Versprochene gutheißen) wollten, ihrem freien Gutdünken überlassen werden, und seien inzwischen durch keine andere Strafe zum christlichen Leben zu zwingen, als daß man sie vom Empfange der Eucharistie und der übrigen Sakramente fernhalte, bis sie in sich gingen, der sei im Banne." Das Concil von Trient hat hierbei freilich nicht ausdrücklich der zeitlichen Strafen und der physischen Gewalt Erwähnung gethan, aber woran hätte es sonst gedacht, als es diesen Canon aussprach? Gewiß nicht an Bitten und Mahnungen; diese sind ja keine Strafen, heben das freie Gutdünken nicht auf und zwingen eben so wenig halsstarrige Christen. Oder hätte das Concil an rein geistliche Strafen gedacht? Auch das nicht; es behauptet ja, die Kirche könne mehr gegen jene thun, als sie von den Sakramenten fern halten. Was bleibt uns darum anders übrig, als anzunehmen, das Concil habe wirklich den Zwang im Auge gehabt, den es selbst gegen die Concubinen in Ausführung gebracht wissen will, nämlich zeitliche Strafen und Anwendung physischer Gewalt.

34. Das Gleiche ergibt sich aus der Bulle Johannes XXII. gegen Marsilius von Padua: „Ferner," so heißt es dort, „sagen jene Lästerer, daß die ganze Kirche zusammen keinen Menschen durch Strafen zwingen kann (punire possit punitione coactiva): was sicher dem Evangelium widerspricht. Denn es steht fest, daß von Christus dem Petrus und in

der Person Petri der Kirche die Coactiv-Gewalt verliehen ist" [1]. Daß der Papst nun hierunter die Gewalt versteht, auch zeitliche Strafen zu verhängen, geht aus dem Folgenden hervor, wo er ausdrücklich aus der Schrift beweist, daß diese Gewalt der Kirche verliehen ist.

35. Daß die Kirche nöthigenfalls auch die physische Gewalt des Staates zur Ausführung ihrer Gesetze und Urtheile beanspruchen dürfe, sagt Bonifacius VIII. ausdrücklich in seiner berühmten dogmatischen Bulle: Unam Sanctam [2]. Im Mittelalter war nichts gebräuchlicher zur Bezeichnung der beiden unter Christen bestehenden Gewalten, als das Bild der beiden Schwerter. Das wendet denn nun auch Bonifacius in jener Bulle an, indem er mit den Worten des h. Bernhard ausspricht, das in der Hand der Könige befindliche Schwert (die weltliche Gewalt) müsse zum Nutzen der Kirche auf den Willen des Priesters gezogen werden (pro ecclesia ad nutum sacerdotis). Zum Verständniß dieser so häufig verdrehten Worte macht Suarez [3] die passende Bemerkung, unter dem ad nutum sacerdotis sei ein gerechter, kluger Wille zu verstehen. Er zeigt dieses aus dem h. Bernhard, dem die genannten Worte entnommen sind, und der sie durch den Satz erläutert: quoties necesse est, so oft es nothwendig ist; so oft also das Bedürfniß der Kirche es erheischt, darf diese für sich den weltlichen Arm anrufen.

36. Aus den genannten Aussprüchen dürfte zur Genüge hervorgehen, daß Pius IX. mit der Verwerfung der fraglichen Behauptungen des Nuyts nicht etwas Neues, in der Kirche Unbekanntes erklärt hat; es ist eine uralte katholische Wahrheit, die immer von der Kirche geübt und bei vorkommenden Gelegenheiten gegen ihre Gegner entschieden worden ist. Sie ist übrigens so einleuchtend, daß selbst akatholische Regierungen sich nicht ganz ihrer Macht entzogen, sondern sie wenigstens in einigen Punkten anerkannt haben. Zeigen wir das durch einige Beispiele.

Nach Nro. 56 des zwischen dem h. Stuhle und Preußen 1821 geschlossenen Concordates sind Correctionshäuser ad coercendos Ecclesiasticos discolos und zwar unter der Jurisdiction der Ordinarien zu erhalten oder auch neue, wo sie fehlen, zu gründen. In eben diesem Königreiche wird die Kirche in all ihren dinglichen Rechten durch

[1] Roscovani, Monumenta I. p. 107.
[2] Extrav. comm. de maj. et obed. (I, 8).
[3] Contra regem Angliae III, 22 in fine.

die Staatsgewalt geschützt, die Bedürfnisse zum Culte werden eventuell mit einer Umlage gedeckt und durch die weltlichen Beamten eingetrieben. Das königlich sächsische Mandat von 1827 über die rechtliche Stellung der katholischen Kirche enthält unter andern folgende Bestimmungen: § 11. „In Verfassungssachen (des katholischen Consistoriums) und in den bei demselben zu verhandelnden rein geistlichen Sachen, sowie in den von der Cognition der weltlichen Gerichtshöfe zu eximirenden Personalrechts= sachen der katholischen Geistlichen, ist es ausschließlich dem apostolischen Vicariat subordinirt. § 19. In den nach der Anordnung des § 11 und 12 ausschließlich zur Entscheidung des katholischen Vikariats gehörenden Sachen sind die weltlichen Unterobrigkeiten sowohl von Seiten des Con= sistorii, als von dem Vikar selbst, nur per modum requisitionis zur Erzeigung der nöthigen Rechtshülfe zu veranlassen und es werden Unsere Beamten und die Patrimonial=Gerichtsobrigkeiten zu gebührender Befol= gung dieser Requisitionen hiedurch angewiesen" [1]. Auch in andern pro= testantischen Staaten werden Erkenntnisse der bischöflichen Behörde gegen Geistliche, selbst wenn sie auf Einsperrung, Geldstrafen, Absetzung lauten, von der weltlichen Gewalt vollzogen. Nach dem badischen Gesetze vom 9. October 1860 [2] geschieht dieß jedoch nur unter der Voraussetzung, daß sie von der zuständigen Staatsbehörde für vollzugsreif erklärt worden sind (§ 16), nach § 1 der kurhessischen Verordnung vom 31. Aug. 1829 hatte der Bischof vor einem deshalbigen Ausspruch sich mit dem landes= herrlichen Bevollmächtigten bei dem Bisthum zu benehmen [3]. Nach der kaiserlich russischen Verordnung für Polen können „die geistlichen Gerichte für die Uebertretungen und Vergehen gegen den Beruf und die Pflichten der Geistlichen zuerkennen 1) eine Geldstrafe zum Nutzen eines barm= herzigen Instituts, welche jedoch nicht über 100 polnische Gulden betragen darf, 2) Abgabe (?) auf einen Monat an ein Kloster oder Seminar, um in sich zu gehen, 3) Suspension von den geistlichen Verrichtungen, 4) Entfernung vom Benefiz (der Pfründe)." (21. Art.) Doch muß in den beiden zuletzt genannten Fällen Meldung an die Regierung geschehen [4]. In den nordamerikanischen Freistaaten ist der Bischof in Verhängung gewisser zeitlicher Strafen über die Geistlichen noch ungehinderter; denn da alle Kirchengüter auf seinen Namen geschrieben sind, und er somit vor dem Gesetze als Eigenthümer dasteht, kann er nach Absetzung eines

---

[1] Walter, Fontes juris eccl. p. 446. 447.   [2] Walter l. c. p. 407.
[3] Walter l. c. p. 351.   [4] Walter l. c. p. 461.

unwürdigen Geiſtlichen nöthigenfalls die Polizei ohne Weiteres requiriren, um ihn aus dem Beſitze der Pfründe auszuweiſen.

37. Daß die Staaten heutzutage das kirchliche Strafrecht faſt nur in Bezug auf Geiſtliche anerkennen und vollziehen, iſt nicht ganz folgerichtig; denn die Kirche hat von Gott nicht nur über die Geiſtlichen, ſondern auch über die Laien eine wirkliche Gewalt empfangen. Aber, um nicht ungerecht zu ſein, muß man geſtehen, daß die Macht der Umſtände zu dieſer Inconſequenz treibt, und die Kirche will, obwohl ſie ihr Recht im Princip immer wahren wird, doch nicht durch eine rückſichtsloſe Ausübung dieſes Rechts den Frieden der Staaten ſtören, und verlangt darum auch nicht die Befugniß zu einer ſolchen von der Regierung. Man muß alſo in dieſer Frage die Gewalt der Kirche von der Ausübung der Gewalt unterſcheiden; jene bleibt unabänderlich dieſelbe, da ſie auf göttlicher Anordnung beruht; die Art und Weiſe ihrer Ausübung aber iſt nach Verſchiedenheit der Zeiten verſchieden. So wenig alſo das Mittelalter wieder erweckt werden kann, ſo wenig wird auch die Art und Weiſe, wie die Kirche die hier in Rede ſtehende Gewalt im Mittelalter ausübte, in allen Punkten zurückgeführt werden. Schon aus dieſer Bemerkung ergibt ſich die Grundloſigkeit der von den Gegnern auf die katholiſche Wahrheit gemachten Angriffe; anſtatt auf die jetzige Ausübung des kirchlichen Rechtes zu ſehen, die ſelbſt bei Andersgläubigen kaum der Rechtfertigung bedarf, glaubten ſie oder wollten es wenigſtens glaublich machen, die Kirche gedenke das mittelalterliche Strafgeſetzbuch wieder einzuführen. Wäre ein ſolches Verfahren gerecht, ſo könnte man jede andere Gewalt gehäſſig oder lächerlich machen. Nimmt z. B. ein Vater das Recht in Anſpruch, ſein Kind zu züchtigen, ſo dürfte man ihm nach Weiſe der Gegner einwenden: Wie? du willſt das Recht haben, dein Kind zu tödten? Denn ſicher haben in dieſer Weiſe früher bei manchen Völkern die Väter die Strafgewalt über ihre Kinder geübt. Und da der Staat ſich das Recht beilegt, den einfachen Diebſtahl zu ſtrafen, ſo müßten die Gegner ihm erwidern: Wie? du willſt den Dieb gleich hängen? Denn man wird nicht leugnen können, daß früher mancherorts auch die Todesſtrafe gegen den einfachen Diebſtahl erkannt wurde. Wer ſieht aber nicht die Lächerlichkeit ſolcher Einwendungen ein? Es iſt alſo etwas himmelweit Verſchiedenes, ſich eine Gewalt beilegen, und ſie ganz in derſelben Weiſe ausüben wollen, wie ſie je in früheren Zeiten ausgeübt iſt. Die Kirche wird immer das Recht beanſpruchen, zeitliche Strafen zu verhängen und zu deren Execution nöthigenfalls Gewalt anzuwenden, da

Gott ihr dieses Recht für immer übertragen hat; aber in der Ausübung desselben wird sie sich immer mit der größten Klugheit nach den Umständen richten und es darum gegenwärtig bei den veränderten Zeiten nicht ganz auf dieselbe Weise, wie im Mittelalter, zur Ausführung bringen.

38. Noch lächerlicher aber haben sich die Gegner dadurch gemacht, daß sie bei der Verwerfung der 24. These des Syllabus gleich Willkür, Geistestyrannei, Scheiterhaufen witterten. Sie zeigten hierdurch, daß sie nicht das große Buch der Geschichte studirt, welches nächst dem Worte Gottes wohl am meisten geeignet ist, den Menschen zu bilden, sondern daß sie ihre ganze Weisheit aus dem Durchlesen der Zeitungen, aus dem Verschlingen von Romanen, aus dem Durchblättern eines oberflächlichen Conversationslexikons geschöpft haben. Denn verständen sie auch nur ein wenig die Geschichte, die kirchliche Gewalt hätte in ihnen nicht die Idee der Willkür geweckt. Sie hätten gewußt, daß die Kirche gerade es war, welche ihren ganzen Einfluß aufgeboten hat, um aus dem Rechtsverfahren das germanische Princip der Selbst- und Blutrache, des Faustrechtes und damit die Willkür zu verbannen. Und diese Kirche sollte die Willkür sanctioniren wollen in ihren Gerichten? Das canonische Verfahren schließt vollends dieselbe aus; sicher haben, um nur Eines anzuführen, die Geistlichen in jenen Ländern, in denen der Liberalismus das kirchliche Pfründenwesen unmöglich gemacht hat, viel mehr die Willkür ihrer Vorgesetzten zu fürchten, als dort, wo noch das canonische Verfahren bei Versetzung, Suspension oder Absetzung der Geistlichen vollkommen eingehalten wird.

39. Eben so wenig als Willkür ist Geistestyrannei zu fürchten. Tyrannei findet Statt, wo entweder Jemand sich widerrechtlich Gewalt anmaßt, oder wo eine rechtmäßige Gewalt widerrechtlich ausgeübt wird. Es handelt sich aber in unserer Frage um die allerberechtigteste Autorität, die existirt, die Kirche nämlich, welche Gott selbst über die Menschen und ihre Gewissen gesetzt, und welche, wie wir gesehen, in ihrem Verfahren unendlich weit von aller Willkür entfernt ist. Geistestyrannen waren aber jene Männer des XVI. Jahrhunderts, die, ohne irgend welche Gewalt von oben erhalten zu haben, und immer pochend auf Gewissensfreiheit, dennoch es nicht ertragen konnten, daß Jemand anders, als sie, dachte, und solche, die es wagten, vertrieben oder hinrichteten; Geistestyrannen waren jene Magistrate und Fürsten, die kraft des gottlosen Spruches: **Cujus regio, ejus religio**, in wenigen Jahren mehrmals das Land reformirten; ein Geistestyrann war jene Regierung in Frank-

reich, die 1791 durch Androhung der schrecklichsten Strafen die Geistlichen wider ihr Gewissen zu einem Eide auf die von der Kirche verworfene Constitution des Klerus verpflichten wollte. Von den Gesinnungsgenossen dieser Gegner der Kirche drohet uns auch heute noch dieselbe Tyrannei. Gegen die Kirche gerichtet, ist das Wort eine leere Redensart.

40. Und vollends die Scheiterhaufen, welche so manche Liberale in Folge der Verwerfung jener These wieder auflodern sahen! Dieselben bedenken nicht, daß die kirchlichen Gerichte niemals für sich die Gewalt in Anspruch genommen, mit dem Tode zu bestrafen, daß die Kirche im Gegentheil von ihrem Klerus selbst diejenigen ausschließt, die zur gerechten Hinrichtung eines Menschen mitgewirkt haben. Die Gegner verwechseln zwei verschiedene Dinge miteinander. Etwas Anderes ist es doch fürwahr, ob die Kirche zeitliche Strafen verhängen und zu deren Vollziehung nöthigenfalls auch Gewalt aufbieten darf; und etwas Anderes ist es, ob Häresie vom Staate als ein bürgerliches Verbrechen betrachtet werden kann, das mit dem Tode zu bestrafen sei.

41. Doch gesetzt, Beides wäre einerlei, so würde man sich doch auch über die Anwendung bürgerlicher Strafen gegen religiöse Meinungen ein anderes Urtheil gebildet haben, hätte man nur ein wenig die Geschichte der letzten hundert Jahre studirt. Denn schwerlich hätten sie in diesem Falle während des letzten Jahrhunderts auch nur Einen ultramontanen Staat, viel weniger die Kirche Jemanden wegen Ketzerei mit dem Tode bestrafen sehen, wohl aber hätten sie gefunden, daß der letzte deshalb Verbrannte ein Jesuit war, der seeleneifrige Missionär Malagrida, den ein Freund der ungläubigen Philosophen und der Väter der Liberalisten, Pombal, in Lissabon 1761 dem Scheiterhaufen überliefert, und zwar wegen angeblicher Meinungen, die in den Augen der strengsten Inquisitoren eher als Narrheit, denn als Ketzerei gegolten hätten.

Sie hätten ferner gefunden, daß um dieselbe Zeit Tausende von französischen Bürgern, nicht etwa wegen verbrecherischer Werke [1], sondern weil sie nach der unerwiesenen Beschuldigung der Gegner Unglauben, Ketzerei, Magie, Hexerei und Astrologie [2] gelehrt hätten, 1762 in Paris

---

[1] In dem bekannten Gutachten (Compte-rendu des constitutions des Jésuites), das dem in Rede stehenden Urtheil voranging und dasselbe hervorrief, wird als unparteiische Meinung des Publikums über die Jesuiten angeführt: die einzelnen Ordensmitglieder seien ehrbare, achtungswerthe Leute, aber die Corporation schlecht.

[2] Neun der angesehensten Juristen Frankreichs urtheilen in einem Rechtsgutachten, das sie über die Jesuiten im Jahr 1845 verfaßten, und dem in kürzester Zeit über

und andern Städten verurtheilt und aus ihren Schulen, Besitzungen, ihrem Vaterland vertrieben wurden, und das mit Verletzung aller Formen der Justiz. Aber diese „Ketzer" waren Jesuiten, waren das Opfer der ungläubigen Philosophie, der Mutter des Liberalismus; darum zählen sie nicht in den Augen unserer Liberalen.

Sie hätten ferner beim Studium der Geschichte gefunden, daß beim Beginn der neuen Aera von 1789 die französische Regierung eine große Anzahl von Geistlichen und Laien einzig wegen ihrer katholischen Gesinnung, wegen Ausübung ihrer religiösen Pflichten, z. B. weil sie Messe gelesen oder angehört, hinrichten, ja einzelne Male niedermetzeln ließ.

Sie hätten sich ferner der Martyrer erinnert, die in Rußland bei der gewaltsamen Zurückführung von Millionen Katholiken zum Schisma bis auf heute gefallen sind. Sie hätten, um ein Beispiel aus der neuesten Zeit zu erwähnen, auch etwas von jenen Priestern vernommen, die während der römischen Revolution unter den Augen der Regierung wegen ihrer Anhänglichkeit an den Katholicismus gemeuchelt, oder, wie es in dem Gefängnisse S. Callisto geschehen ist, ohne Weiteres erschossen wurden.

Wir dürfen endlich hierhin eine jüngst geschehene Thatsache rechnen, welche nach der Einnahme des aufständischen Palermo Statt fand und welche ein italienischer Offizier also seinem Freunde beschreibt: „Heute fahren wir mit dem Erschießen fort; fünf bis sechs tödten wir auf einmal..... Priester und Mönche sind der Gewalt der Soldaten preisgegeben. Du kannst Dir einbilden, was das für ein Gemetzel ist." „Ti puoi immaginare il massacro, che si fa." Wenn auch unter der großen Anzahl von Geistlichen in Palermo einer oder der andere so schlecht gewesen ist, daß er sich am Aufruhr betheiligte, so rechtfertigt dieß doch nicht das von jenem Offizier beschriebene Verfahren [1]. Wir irren

---

300 Advokaten von den ersten Gerichtshöfen des Landes beitraten, also über das besagte Verfahren: „Heute kann nicht mehr die Rede sein von den Ordonnanzen und Edicten, welche die Jesuiten beschuldigten, daß sie unter andern strafbaren Dingen die Magie, Hexerei und Astrologie lehrten, welche denselben befahlen, bei Vermeidung außerordentlicher Verfolgungen das Königreich zu verlassen, welche verboten, ihnen eine Unterkunft zu geben oder auch nur direct oder indirect in Verkehr mit ihnen zu sein.... Dieser ganze Aufwand von veralteten und mit unsern Gesetzen und Sitten unvereinbaren Gewaltmaßregeln wird heute selbst von den Gegnern der Congregation aufgegeben." (v. Ketteler, ein zweites Wort über die Jesuiten S. 20.)

[1] Nach dem officiellen Berichte des italienischen Präfecten von Palermo (vom 11. Oct. 1866 in der Gazetta del regno) beschränkten sich die Einzelheiten, die

schwerlich, wenn wir einen guten Theil davon dem Priesterhaß zuschreiben, den um dieselbe Zeit Garibaldi zu Florenz in einer wüthenden Rede an den Tag legte. Was ist aber blutiger Priesterhaß anders, als Verfolgung um der Religion willen?

Die Geschichte der letzten hundert Jahre hätte also den Gegnern unwiderleglich gezeigt, von welchen Regierungen Feuer und Schwert wegen Ansichten über Religion zu fürchten sei, von den ultramontanen oder aber den kirchenfeindlichen.

42. Wie die Scheiterhaufen, so sind auch die andern Einwendungen gegen die katholische Wahrheit nichtige Erfindungen der Einbildungskraft, welche bei näherm Zusehen sich in ihrer ganzen Nichtigkeit zeigen. Hören wir also einmal, wie Nuyts seine vom Papste verworfene These vertheidigt [1].

Er macht folgendes Dilemma: Der Zwecke, wofür die Kirche physische Gewalt aufbieten möchte, können nur zwei sein: 1) um zur Annahme und Beibehaltung des Glaubens und zur Ausübung religiöser Acte zu verpflichten, 2) um Gewalt mit Gewalt zurück zu treiben; zu keinem der beiden Zwecke hat aber die Kirche das Recht Gewalt anzuwenden.

---

man mit Sicherheit wußte, darauf, daß ein Mönch unter den Aufrührerischen gesehen war und das Nämliche von zwei anderen behauptet wurde. Dagegen hätten Benedictiner und andere Ordensleute mehreren italienischen Soldaten das Leben gerettet. Nichtsdestoweniger glaubt der Präfect, aus der Aufregung, welche das Gesetz über die Klosteraufhebung hervorbrachte, könne man unzweifelhaft schließen, daß auch die Mönche Theil am Aufruhr genommen. Aber gegen diese unzweifelhafte Logik, die so viel Blut gekostet, haben selbst radikale, kirchenfeindliche Blätter Bedenken erhoben. „Ungerecht wäre es", schreibt das Organ Mazzini's, Il Diritto, „den Aufruhr für das Ergebniß einer republikanischen Secte oder für das Werk eines Haufens Räuber oder einer Verschwörung von Mönchen zu halten. Es widerstreitet in der That jedem gesunden Menschenverstand und den bereits gesammelten Notizen." Was nun die ungeheure Aufregung betrifft, welche in Folge des Gesetzes über die Klosteraufhebung entstand, so erklären liberale Zeitungen dieselbe aus dem Umstande, daß durch die Klöster von Palermo viele Tausende von Personen unterstützt wurden. Wenn aber dieß, so dürfte folgender Fall zur Würdigung des Benehmens gegen die Mönche Palermo's dienen: Ein reicher Mann unterstützt mit seinem Vermögen eine ungeheure Menge Armer. Man nimmt ihm seine ganze Habe. Das erregt natürlich die größte Erbitterung; jetzt straft man ihn noch dazu für diese Erbitterung. Scheint ein solcher Fall möglich zu sein? Und wenn er wirklich geschähe, wie würde man schreien! Aber jener Wohlthäter war Kapuziner, nun findet eine zahllose Menge das Verfahren gegen ihn ganz in der Ordnung. Warum? Aus Priesterhaß, der ihnen alles Urtheil benimmt. (Civiltà cattolica Ser. VI. vol. 8. p. 237. 365.

[1] Il Prof. Nuyts ai suoi Concittadini p. 23 seq. 10. 70—72.

3

Aber Nuyts fehlt hierbei gegen die erste Regel des Dilemma's; er läßt nämlich bei Aufzählung der möglichen Fälle und dann bei der weiteren Ausführung des Beweises die Hauptsache ganz hinweg, um deren Willen die Kirche Gewalt anwenden kann, nämlich das Strafrecht gegen schlechte, halsstarrige Mitglieder. Schon durch diese Bemerkung wird seine ganze Beweisführung umgestoßen; dennoch wollen wir auch im Einzelnen auf dieselbe eingehen, weil er der Reihe nach die hauptsächlichsten Gründe vorbringt, welche man gegen das fragliche Recht der Kirche macht, und welche wiederum bei Gelegenheit der Encyclica in einer französischen Gegenschrift mit großem Pomp aufgetischt wurden.

43. Da die Kirche, sagt Nuyts, das ewige Heil zum Ziele hat, müssen auch ihre Mittel diesem angemessen sein; nun aber führen nur verdienstliche Handlungen zu jenem Ziele; also darf die Kirche keine Gewalt anwenden; erzwungene Handlungen sind Heuchelei, nicht aber verdienstlich.

Nun da haben wir einen Schluß, aber es fehlt viel, daß er recht sei. Er setzt nämlich voraus, daß nur solche Mittel angemessen sind, welche unmittelbar zum Ziele führen. Aber das ist grundfalsch. Ein Gärtner will durch den Verkauf von Gemüse, Früchten und andern Lebensmitteln Geld gewinnen. Folgt nun daraus, daß er nicht mehr Dünger anschaffen darf, da dieser nicht unmittelbar zur Ernährung dient, noch auf dem Gemüsemarkt verkauft werden kann? Es ist also durchaus nicht erforderlich, daß die Strafe bewirkt, was unmittelbar zum ewigen Leben führt. Nach dieser Bemerkung können wir Nuyts ganz wohl zugestehen, daß zum ewigen Leben unmittelbar nur die verdienstlichen Handlungen führen. Aber die zeitliche Strafe hat gar nicht zum ersten Zweck, verdienstliche Handlungen hervorzurufen, nein, sie soll die verletzte Rechtsordnung sühnen. Bewirkt sie dieses, so führt sie jedoch mittelbar auch zu verdienstlichen Handlungen. Denn ohne jene Sühne keine Achtung vor dem Gesetz, ohne diese Achtung keine verdienstliche Handlung.

Die kirchlichen Strafen haben aber neben dem ersten Zweck noch den andern, Handlungen hervorzurufen, die für das ewige Leben von Belang sind. Auch diesen Zweck erreicht die Kirche durch zeitliche Strafen; denn es ist ganz falsch, daß die durch dieselben bewirkte Furcht solches nicht vermöchte. Die Furcht hält den Menschen von der Sünde ab, ist ein Gegengewicht gegen die Begierlichkeit, die uns am Guten hindert, und erleichtert uns dadurch die Vollbringung guter Werke und die Haltung der Gebote. Wir wollen jedoch gern zugeben, daß die Furcht nicht in

Allen dieses zuwege bringt, daß sie bisweilen auch zu Heuchelei antreibt. Das geschieht indeß wegen der Verkehrtheit der Menschen, die sich auf keine Weise zum Guten hinwenden wollen, und darf die Kirche nicht abhalten, sich auch der Furcht als Besserungsmittels zu bedienen. Denn was gibt es auf der Welt, das nicht mißbraucht wird? Hätte Nuyts Recht, kein Vater dürfte mehr sein Kind schlagen; denn wie dürfte auch diese Härte noch angewandt werden, da nach jenem Professor ihre Wirkung doch nur etwas ganz Werthloses oder vielmehr nur Verkehrtes, Heuchlerisches ist? Aber gerade dieses Beispiel zeigt uns auch die Hohlheit eines andern Einwandes desselben Turiner Staatscanonisten.

44. Es ist, behauptet er, Unrecht, demjenigen Gewalt anzuthun, welcher die andern Menschen nicht beleidigt; sicher aber beleidigt der sie nicht, welcher über die Religion seine eigne Ansicht festhält, mag diese auch von der der Andern verschieden sein. So der canonistische Advocat des Liberalismus.

Wir entgegnen darauf mit der Frage: Ist der Obersatz in jener Allgemeinheit wahr, die Nuyts ihm gibt, und die er zur zwingenden Kraft seines Schlusses auch voraussetzen muß? Nun, dann dürfen auch die Väter, welche, wie die Kirche, in der Ausübung ihrer Gewalt nicht nur das starre Recht, sondern auch die Erziehung im Auge haben müssen, keine körperlichen Strafen gegen die Unsittlichkeit der Kinder mehr anwenden. Und ebenso wenig dürfte Gott, dessen Stelle die Kirche auf Erden vertritt, die Unsittlichkeit, wenigstens wofern durch sie Niemand ein Unrecht oder eine Beleidigung zugefügt wird, mit der ewigen Hölle bestrafen. Das wäre freilich Manchem sehr lieb, um desto ungestörter der Wollust fröhnen zu können; aber hiedurch ist das Axiom von Nuyts wahrlich nicht bewiesen.

Ist es ferner so gewiß, daß Mitglieder der Kirche durch Festhalten ihrer eigenen Ansichten in Sachen der Religion Niemand Unrecht thun? Verachten solche nicht die unfehlbare Autorität und Gewalt, welche Gott der Kirche gegeben, und ist Verachtung einer rechtmäßigen Gewalt keine Rechtsverletzung? Und das wagt ein Lehrer des Rechts zu leugnen?

45. „Aber,“ fährt Nuyts fort [1], „die zeitlichen Strafen werfen den Anschein von zorniger Rache auf jene Kirche, die als eine liebende Mutter betrachtet werden muß.“ Dieselbe Sprache der Liebe führen noch andere

---

[1] L. c. p. 72.

Liberalen. Wie sie doch auf einmal für die Ehre ihrer Mutter besorgt sind! besorgter gar, als die eifrigsten Vertheidiger der Kirche je waren, welche ja alle die Gewalt, zeitliche Strafen zu verhängen, der Kirche beilegen! Doch sehen wir einmal näher zu.

Ist die Kirche eine liebende Mutter? Ja, es gibt nichts, das wir den Gegnern mit so freudigem Herzen zugestehen, als diese Wahrheit, aber wir müssen nach den Worten der Schrift daraus gerade den Schluß ziehen, daß sie auch ernstlich strafen muß. „Wer sein Kind liebt, züchtigt es." „Wer die Ruthe nicht gebraucht, haßt seinen Sohn." Eine verkindischte Großmutter kann es freilich nicht über ihr Herz bringen, ihren Enkel zu züchtigen; doch nie habe ich die Kirche mit einer alten Großmuhme vergleichen hören. Eine Mutter vermag zu strafen, und ein gutes Kind wird so wenig durch diese Strenge von der Mutter abwendig gemacht, daß es lieber in den Armen einer solchen Mutter ruhen will, als die schmeichlerischen Küsse einer Fremden empfangen.

46. Doch Nuyts sucht seine gebrechlichen Argumente durch folgende Fragen zu bekräftigen: „Ich möchte fragen, wie sich die Vertheidiger der physischen Gewalt der Kirche benehmen würden, wenn ein ungläubiger Fürst eines Landes entweder die dort lebenden Christen zwänge, seine Religion anzunehmen, oder auch die Heiden hinderte, das Christenthum zu umfassen: sie hätten dann gut sprechen, daß nach dem Naturrecht die Religion frei sein müsse. Aber da das Naturrecht überall und für Alle dasselbe ist, so muß man zugestehen, daß, wenn andere Religionen für solche Zwecke nicht Gewalt anwenden können, sie auch die Kirche nicht anwenden kann."

So Nuyts; aber schwerlich werden die Vertheidiger der fraglichen Gewalt der Kirche mit der Antwort zufrieden sein, die Nuyts ihnen in den Mund legt: es stehe dem Menschen kraft des Naturrechtes frei, jede (auch noch so irrige) Religion anzunehmen, beizubehalten, und der heidnische Wahn sei in diesem Punkte auf Eine Linie mit der christlichen Wahrheit zu stellen.

Auch das darf Nuyts nicht zur Bekräftigung seines Einwands geltend machen, daß ein solcher heidnischer Fürst nicht minder als ein katholischer Herrscher von der Wahrheit seiner Religion überzeugt sei. Denn zuerst müssen wir uns dagegen verwahren, das objective Recht lediglich vom subjectiven Gefühl und Meinen eines Fürsten abhängig zu machen. Will Nuyts aber durchaus die Sache bloß vom subjectiven Standpunkt betrachten, so erlauben wir uns, diesen katholischen Professor über ein

Zweites zu fragen: ob nämlich wirklich ein heidnischer König nach reiflicher Prüfung der für das Christenthum sprechenden Gründe dieselbe Ueberzeugung von der Falschheit dieser Religion und von der Wahrheit des heidnischen Wahnes behalten werde, mit der ein katholischer Fürst nach sorgfältiger Erwägung jener Gründe seinen katholischen Glauben festhält? Wird er aber diese Frage verneinen, so muß er auch vom subjectiven Standpunkte zugestehen, es sei keine Gleichheit in dem beregten Punkte zwischen einem ungläubigen und gläubigen Herrscher. Dann aber fällt seine ganze Beweisführung über den Haufen, weil sie eben diese Gleichheit voraussetzt.

Aber noch mehr. Nuyts hat sich nun einmal in die Ansicht verrannt, die von der Kirche anzuwendende physische Gewalt diene zu nichts Anderem, als zu Zwangsbekehrungen. Das ist aber grundlos. Die Kirche hat sich nie das Recht beigelegt, Ungläubige mit Gewalt zur christlichen Religion zu zwingen; sie hat im Gegentheil solche gewaltsame Bekehrungen verabscheut und verpönt. Gerade das und nur das wollen die von Nuyts mißbrauchten Väterstellen sagen, wie zum Beispiel das schöne Wort Tertullians: die Religion will nicht die Religion erzwingen. Selbst im Mittelalter, wo der Kirche die höchste Macht zur Verfügung stand, war sie es und sie allein, welche den Pöbel von Gewaltthätigkeiten gegen die Juden abhielt und es verbot, Judenkinder gegen den Willen der Eltern zu taufen, wie sie es bis auf den heutigen Tag thut. Ist aber Jemand Mitglied der Kirche und dadurch der Autorität der Kirche unterworfen, so hat sie dasselbe Recht, das die Obern einer jeden vollkommenen Gesellschaft nach dem Naturrechte haben, nämlich ihre Mitglieder in einer ihrer menschlichen Natur angemessenen Weise zu strafen.

47. Das Naturrecht ist also Nuyts nicht günstig; er steift sich auf die hl. Schrift. „Christus“, schreibt er, „zeigte bei mehreren Gelegenheiten, daß er seiner Kirche keinerlei Recht auf Anwendung von Gewalt geben wollte: so rief er nur diejenigen zu sich, die ihm folgen wollten, ja gab selbst denjenigen, die ihm bereits nachgefolgt, die Vollmacht (facoltà), ihn zu verlassen, falls sie wollten, indem er zu ihnen sagt: Wollt auch ihr davon gehen (Joh. 6, 68)? Den Aposteln trug er immer nur auf (sempre soltanto), zu lehren und Sacramente zu spenden (Matth. 28, 19) und mahnte sie, wegzugehen, wenn man sie nicht würde hören wollen, und bei Verfolgungen zu fliehen (Matth. 10, 23). Ebenso befiehlt Petrus den Bischöfen, für die Gläubigen zu sorgen, nicht mit Zwang, sondern dem freiwilligen Antrieb Raum gebend (non colla

coazione, ma luogo lasciando alla spontaneità (I. Petr. 5, 2)". Das sind die Einwände, welche man aus der Schrift vorbringt; man möchte aber bei der Erbärmlichkeit dieser Einwürfe unwillkürlich die Worte Friedrich's II. anwenden: „Also mit solchen Lumpen muß ich mich schlagen!" Die Worte des göttlichen Heilandes beweisen zum Höchsten, daß die Annahme der christlichen Religion eine freiwillige sein soll. Das ist auch die Lehre der Kirche, wie wir bereits gesagt. Grundfalsch ist aber, daß Christus den Menschen die Vollmacht gegeben hat, ihn zu verlassen, wenigstens wenn unter der Nachfolge Christi, wie Nuyts es thut, die Annahme der christlichen Religion zu verstehen ist. Der Heiland hat vielmehr auf dieses Verlassen die schwersten Strafen, ja die ewige Verdammniß gesetzt. Grundfalsch ist auch, daß Christus immer nur den Aposteln die Gewalt gegeben, zu lehren und die Sacramente zu spenden. Er hat, wie bewiesen, ihnen auch ein wahres Strafrecht gegen die Mitglieder der Kirche verliehen. Nuyts selbst gesteht dieß auf einer andern Seite seiner Schrift zu und beweist es ausdrücklich (p. 70—72), um nach Jansenistenart dem Papst vorwerfen zu können, daß derselbe ohne alle Prüfung ihm Irrthümer beigemessen, die er nie gelehrt. Aber freilich, wenn man mit Ehren lügen will, muß man ein gutes Gedächtniß haben. Dieß scheint Nuyts zu fehlen, da er auf wenigen Seiten das eine Mal sagt, Christus habe den Aposteln eine wahre Coercitiv-Gewalt übertragen, das andere Mal aber behauptet, er habe denselben immer nur gesagt, zu taufen und Sacramente zu spenden.

48. Noch lustiger ist es zu sehen, wie er, um der Kirche die vollkommene Coercitiv-Gewalt abzusprechen, die Stelle des hl. Petrus gegen alle Regeln der Grammatik übersetzt. Der Apostelfürst mahnt die Vorsteher der Kirche, sie sollten „ihr bischöfliches Amt für sie (die Gläubigen) verwalten, nicht gezwungen, sondern freiwillig wegen Gott, nicht um schändlichen Gewinnes willen, sondern aus Liebe". Offenbar zeigen diese Worte die Herzensstimmung und die Absicht an, in der die Bischöfe ihr schweres Amt ausüben sollen; könnte über diesen sonnenklaren Satz noch ein Zweifel bestehen, er würde durch die Parallelstelle Philem. 14. gehoben, in welcher nach dem griechischen Texte derselbe Gegensatz mit denselben Worten vorkommt. „Ohne Deine Einwilligung", heißt es dort, „wollte ich nichts thun, damit Dein gutes Werk nicht wie erzwungen, sondern freiwillig wäre". Auch hier ist offenbar nur die Rede von der bereitwilligen, von freier Liebe getragenen Stimmung des Herzens, mit welcher das Gute geschehen soll. Was also Petrus von den Bischöfen sagt,

bezieht Nuyts gegen Grammatik und Contert auf die Gläubigen, um den Sinn heraus zu finden: diese sollten von den Bischöfen in keiner Weise gezwungen, sondern ihrer eigenen Willkür überlassen werden. Welche Verdrehung deutlicher Worte! Wenn endlich Christus den Aposteln befiehlt, bei Verfolgungen zu fliehen, so ist damit nach der Auslegung der heiligen Väter nur gesagt, bei Verfolgungen sich nicht tollkühn dem Martyrium auszusetzen. Doch mag auch darin gesagt sein, man solle die Verfolgungen von Seiten der Staaten nicht mit Gewalt zurückweisen, was verschlägt das für unsere Frage? es wird ja auch jetzt noch von der Kirche geübt und gelehrt, und sie billigt in diesem Punkte so wenig die Lehre der Gegner von dem Rechte der Revolution, daß sogar ihr Oberhaupt in einer der letzten Allocutionen die Strafe des Bannes auf alle Diejenigen setzt, welche gegen ihre rechtmäßige Obrigkeit sich verschwören. Damit ist ganz im Einklang, daß sie für den großen Schutz, den sie mit Aufbietung ihrer ganzen moralischen Macht der weltlichen Autorität gewährt, an den Staat die Forderung stellt, ihre von Gott gesetzte Autorität seinerseits nöthigenfalls mit physischer Gewalt zu unterstützen und darum auch seinen Arm zur Vollziehung kirchlicher Strafen zu leihen. Wo ist da eine unbillige Forderung? wo ein Widerspruch?

49. Doch diesen Widerspruch will ein deutscher Liberaler entdeckt haben, indem er also raisonnirt: die Kirche verlange auf der einen Seite vom Staate, er solle durch Gewährung seines Schutzes sich in religiöse Angelegenheiten einmischen, von der andern Seite spreche sie dem Staate alles Verständniß derselben und das Recht der Entscheidung über sie ab.

Der Widerspruch, den der Gegner entdecken will, ist jedoch nur scheinbar, entsteht eben nur durch die Verdrehung des wahren Sachverhaltes. Die einfache Darstellung desselben löst alle Schwierigkeit.

Die Kirche verlangt Unterwerfung unter ihre Autorität in den Dingen des Heiles von den Privaten wie von der Obrigkeit, sie will aber dabei weder den ersteren noch der letzteren die Augen der Vernunft ausstechen; sie hat ja die siegreichsten, die evidentesten Gründe für die Rechtmäßigkeit ihrer Autorität, welche jede Vernunft, wenn diese nur nicht durch bösen Willen oder Vorurtheile geblendet ist, zur Anerkennung nöthigen, und darum die Prüfung eines Jeden, der Obrigkeit sowohl als der Privaten, aushalten. Hat aber der Staat einmal die kirchliche Autorität anerkannt, so fordert eben diese Anerkennung, daß er

1) die von Gott als unabhängig hingestellte Kirche in ihren An=

gelegenheiten nicht meistere, sondern ihr das Recht zuspreche, frei, unab=
hängig und ausschließlich über dieselben zu entscheiden;

2) daß er diese Entscheidungen der kirchlichen Autorität achte und
nöthigenfalls seinen weltlichen Arm zu ihrer Ausführung leihe. In diesen
beiden Forderungen ist kein Widerspruch, sondern der höchste Einklang.

50. Die zuletzt genannte Forderung ist aber nicht nur deßhalb ge=
recht, weil sie sich auf göttliche Anordnung gründet, sondern auch, weil
die Kirche, wie schon bemerkt, dem Staate für seinen Schutz ein reich=
liches Aequivalent bieten kann. Die Kirche thut jedoch solches nicht um
der Gegenleistung willen, sondern aus Pflichtgefühl. Sie wird darum
diese ihre Mitwirkung zum Staatswohl nie versagen, selbst wenn der
Staat seinen Schutz der Kirche völlig verweigert. Ja, auch geschmäht,
auch verfolgt bis zum Tode vom Staate, wird sie doch diesen noch
segnen.

Edmund Campian, ein Missionär der Gesellschaft Jesu in England,
wurde durch einen Verräther eingefangen, den die Königin Elisabeth
durch große Verheißungen zu dieser Schandthat gedungen und ausgesandt
hatte. Dieselbe Fürstin setzte den Jesuiten der Verspottung von Seiten
eines wüthenden Pöbels aus; sie ließ ihn in ein enges Loch des Tower
werfen und mehrmals auf das Grausamste foltern [1]. Nach dem Zeug=
nisse des spanischen Gesandten am englischen Hofe hat man auf der
Folter die Nägel von seinen Fingerspitzen gerissen. Endlich suchte die
Königin durch das ungerechteste Urtheil, das auf Hochverrath und Ver=
schwörung lautete, ihn seiner Ehre zu berauben. Der Jesuit wurde nach
Tyburn geschleift; den Strick um den Hals geschlungen und auf die
verhängnißvolle Leiter gestellt, wurde er noch durch allerhand zudring=
liche und verfängliche Fragen gequält. Betet für die Königin, rief ihm
ein Anglicaner zu. Recht gern, erwiederte Campian; ich habe für sie
so oft schon meine Bitten zum Himmel gerichtet, daß ich es hier gegen=
wärtig noch thun kann. Als er nun betete, unterbrach ihn Admiral
Howard mit den mißtrauischen Worten: Für welche Königin betet Ihr?
„Für Ihre Majestät Elisabeth, Eure Königin und die meinige.“ Es
waren die letzten Worte Campians. Einen Augenblick darauf war die
Leiter weggezogen, der letzte Seufzer des Ordensmannes war ein Segens=
wunsch für die Königin, die ihn mit aller möglichen Schmach und Qual
bis zur Hinrichtung am Galgen überhäuft hatte. „Ist es wahr?“ rief

---

[1] Crétineau-Joly, Histoire de la Compagnie de Jésus II. 224 suiv.

Elisabeth, als Howard ihr von dieser dem natürlichen Menschen un=
glaublichen Liebe erzählte.

Anstatt dieser Worte des verbissenen Ingrimms fragen wir viel=
mehr: woher solche Liebe? Darauf ist nun die Antwort nicht schwer;
ihm war diese Gesinnung für Staat und Vaterland von seiner Religion,
von seiner Mutter, der heiligen katholischen Kirche, eingeflößt, da der
natürliche Mensch aus eigener Kraft sich nicht zu einer so heldenmüthigen
Feindesliebe, wie Campian sie zeigte, erheben kann. Die Kirche segnet
auch den feindlichen Staat.

51. Umgekehrt sehen wir aber, daß der Staat nicht immer Alles,
was er nach der göttlichen Idee für die Kirche thun sollte, verwirklicht
und, fügen wir hinzu, nicht immer wegen der Bosheit der Menschen ver=
wirklichen kann. So ist es denn gekommen, daß das Recht der Kirche
in Verhängung zeitlicher Strafen und in der Anwendung physischer
Gewalt auf ein Minimum gebracht ist.

Die Kirche selbst sieht die Macht der Verhältnisse ein und wird sich,
wie schon bemerkt, hüten, durch eine rücksichtslose Ausübung ihrer Rechte
den Frieden der Völker zu beeinträchtigen. Aber diese Verkümmerung
der kirchlichen Gewalt ist nicht zum Heile der Gläubigen, noch zu dem
des Staates selbst. In Folge derselben greifen Unglaube und Unsitt=
lichkeit immer mehr um sich und wälzen unzählige Uebel auf die Völker,
welche die sanfte Zucht der Kirche verschmähten; noch mehr, Gott kommt
mit seinen Strafen hinzu.

52. Wenn die Kinder der Zucht einer verwittweten Mutter ent=
wachsen sind, so daß sie keine Zurechtweisung, keine Strafe mehr ertra=
gen, wie viel Unheil kommt dann nicht über sie, das die Mutter nicht
abwehren kann, wohl aber mit unzähligen Thränen beweint! Gott rächt
diese Thränen, diesen Kummer, den ungehorsame Kinder bereiten, und
beim Anblick seiner Strafen muß man nicht selten unwillkürlich ausrufen:
Es ist fürchterlich, in die Hände des lebendigen Gottes zu fallen.

Ebenso rächt Gott auch seine Braut, die Kirche, wenn die Völker
die Zucht dieser guten Mutter abgeworfen haben. Wenn man der Kirche
keine Gewalt zur Verfügung stellen will, um ihre Strafen zu vollziehen
— Gott gibt denselben Nachdruck. So war es, wie wir oben aus der
Schrift gezeigt, in den Zeiten der Apostel, so ist es noch heut zu Tage.

Napoleon spottete, umgeben von Hunderttausenden von Bajonetten,
des Bannes eines wehrlosen Papstes; stolz ließ er seinen Sieges=
wagen von Fürsten und Völkern ziehen. Aber siehe, da kam eine un=

sichtbare Macht, gegen welche die Bajonette nichts halfen; gegen die eisige Kälte vermochten sie nichts, sie fielen vielmehr kraftlos zur Erde. Und diese geheime Macht der kirchlichen Strafen, wird sie nicht selbst von den erbittertsten Gegnern der Kirche anerkannt? Oder warum schrieen sie denn so von einem Ende der Erde bis zum andern, als der Papst jüngst die Mitglieder der Kirche, welche Geheimbündler sind, excommunicirte? Was konnte ihnen denn das Wort eines altersschwachen, von übermächtigen Feinden fast erdrückten Mannes schaden? Oh, es sagte ihnen eben ein gewisses Gefühl, Gott müsse die Stimme seines von irdischer Macht entblößten Stellvertreters anhören; dem Gerichte eines Menschen könne man entgehen, nicht aber dem strafenden Arme des Allmächtigen entfliehen.

So wenig aber das Sträuben gegen die Gewalt der Kirche der Menschheit nützt, ebenso wenig vermag es auch dieses Recht der Kirche umzustürzen. Gott hat nun einmal, wie wir gesehen, der Kirche eine wahre und volle richterliche Gewalt verliehen, was wird der armselige Erdwurm gegen den Willen des Allmächtigen ausrichten?

III. Die Gewalt der Kirche in Betreff zeitlicher Dinge.

53. An das Recht der Kirche, nöthigenfalls die physische Gewalt des Staates zu beanspruchen, schließt sich ihre zeitliche Gewalt an, ja, jenes Recht ist schon ein Ausfluß dieser Gewalt, welche von Nuyts in der 24. These zugleich mit dem Rechte der Kirche, Zwang anzuthun, geleugnet wird:

„Die Kirche hat nicht die Gewalt, Zwang anzuthun, noch irgend welche directe oder indirecte zeitliche Gewalt."

Hier kommt ferner der in der Encyclica verworfene Satz in Betracht:

„Die Kirche dürfe nichts entscheiden, was die Gewissen der Gläubigen in Bezug auf den Gebrauch der zeitlichen Dinge zu binden im Stande wäre."

Direct bezeichnet die gerade Richtung auf Etwas hin; eine Gewalt erstreckt sich darum direct nur auf das, worauf sie sich zunächst und unmittelbar bezieht. So hat der Vater eine directe Gewalt über seine Kinder. Mit einem solchen Gegenstande, worüber man eine directe Gewalt hat, können aber andere in so naher Beziehung stehen, daß man auch über diese möglicher Weise Anordnungen treffen darf, obwohl man direct nichts über sie vermag. Eine solche Gewalt heißt eine indirecte. Die Kirche nun hat sicher eine directe Gewalt über die Gläubigen in

Dingen, die sich auf das ewige Heil beziehen, nicht aber über die zeitlichen Glücksgüter derselben. In wiefern wir aber im Gebrauche dieser Güter durchaus das ewige Ziel im Auge haben sollen, nichts mit jenen Gütern thun dürfen, was dem Gesetze Gottes widerspricht, so kann die Kirche auch entscheiden, was die Gewissen in Bezug auf den Gebrauch der zeitlichen Dinge zu binden im Stande ist. Wer dieses leugnet, muß der Kirche die Gewalt absprechen, das Gebot Gottes: „Du sollst nicht stehlen", zu verkünden und dasselbe in Bezug auf gewisse Fälle zu erklären, sowie durch kirchliche Censuren zu verschärfen. Die Kirche dürfte z. B. nicht erklären, daß es wider das siebente Gebot sei, Kirchen- oder Klostergut zu rauben, und noch weniger den Bann auf dieses Sacrileg setzen.

Es wäre ferner nach der Ansicht der Gegner ein Uebergriff gewesen, daß die Kirche in früheren Zeiten verboten, Zinsen zu nehmen. Darüber wundern sich freilich heutzutage selbst manche Katholiken, die sich über die Gesetze der Kirche nicht von gründlichen Theologen, sondern von den Liberalen belehren lassen. Sie durch eine eingehende Erörterung eines Besseren zu belehren, würde uns zu weit abführen. Wir wollen sie deshalb nur auf die Worte eines jüdischen Gelehrten verweisen. Das wird hoffentlich ihnen genügen; denn sie werden sich doch schämen, mit geringerer Achtung von der Lehre der Kirche in Betreff des Zinswuchers zu sprechen, als es ein Jude thut. Nachdem Lassalle gezeigt, daß in früheren Zeiten Gelddarlehen ganz oder doch vorherrschend nur zu consumtiven Zwecken, mithin aus persönlicher Noth und Verlegenheit nachgesucht wurden, fährt er also fort: „Ein zu bloßem Consumtiv-Zweck gemachtes Darlehen, durch welches der Borger keineswegs reicher wird, als er war, die persönliche Noth und Verlegenheit eines Menschen zur Ausbeutung benützen zu wollen, ist aber allerdings schändlich und das hat das Alterthum und die Kirche mit Recht gefühlt" [1]. Genug hiervon. Ziehen wir aus dem Satze der Gegner andere Folgerungen, die noch deutlicher seine Falschheit zeigen.

So wenig wie die Kirche einem ungerechten Wucher gegenüber auftreten dürfte, ebenso wenig könnte sie nach den Grundsätzen jener Liberalen das Gesetz Gottes verkünden, daß die Bemittelten unter Todsünde zu Liebeswerken oder Almosen verpflichtet seien. Auch folgte aus jener Be-

---

[1] Herr Schulze-Bastiat von Delitzsch S. 164 ff., siehe Historisch-politische Bl. Bl. 57. S. 421.

hauptung, daß die Kirche nicht mehr ihre reichen Mitglieder von einem sündhaften Gebrauche ihres Vermögens abhalten könne. Das wäre nun gewiß manchen ultraliberalen Gliedern der Bourgeoisie sehr lieb, ob es aber ebenso gut für die Armen wäre, und auch ebenso im Einklang mit den Geboten Gottes, das ist eine andere Frage.

54. Man wird vielleicht gegen diese Erörterung einwenden, der von den Gegnern aufgestellte Satz beziehe sich nicht auf die Verkündigung und Erklärung der göttlichen Gebote von Seiten der Kirche, sondern auf kirchliche Verbote eines an und für sich erlaubten Gebrauches der irdischen Dinge. Aber dieser Einwand ist nichtig; denn der Zusammenhang zeigt, daß jene Behauptung sich wirklich auch auf die Auslegung und Handhabung der göttlichen Gesetze bezieht. Unmittelbar vorher ist nämlich in der Encyclica von denen die Rede, welche da behaupten: der Bann der Kirche gegen die Räuber des Kirchengutes beruhe auf einer Verwechselung der kirchlichen und politischen Ordnung. Kirchenraub ist aber doch nicht nur durch menschliche, sondern auch durch göttliche Gesetze verpönt. Aber gesetzt, der Einwand wäre richtig, so kann die Kirche im Hinblick auf das letzte Ziel auch einen durch das göttliche Gesetz noch nicht untersagten und in sofern an und für sich erlaubten Gebrauch irdischer Güter verbieten. Man denke nur an die Fasten- und Abstinenz-Gebote. Schon vom Apostelconcil wurde ein solches erlassen, nämlich das Gesetz gegeben, sich vom Blute und Erstickten zu enthalten. Daß der Genuß dieser Dinge an und für sich erlaubt ist, daran zweifelt unter uns Niemand. Oder wer hält es für eine Sünde, Krammetsvögel zu essen? Daß das Gesetz der Apostel damals aber im Gewissen verpflichtete, wurde oben gezeigt (n. 6.).

Die Kirche kann also in mannigfacher Weise ihre Gewalt in Betreff des Gebrauches irdischer Güter ausüben und hat in sofern eine indirecte Gewalt über die irdischen Güter ihrer Kinder. Daß sie daneben auch selbst ein großes directes Eigenthum und das Recht hierzu kraft göttlicher Anordnung besitze, wurde in der vorigen Broschüre gezeigt.

55. Aber nun kommt die wichtige Frage, hat die Kirche auch Gewalt in bürgerlichen (politischen) Dingen? Denn das versteht Nuyts unter seiner podesta temporale, die er der Kirche ganz und gar abspricht. Derselbe denkt aber dabei nicht so sehr an die directe politische Oberhoheit, die dem Papst über den Kirchenstaat zusteht, als an die Gewalt, welche die Kirche überhaupt für den politischen Bereich in Anspruch nimmt. Gegen diesen liberalen Canonisten wollen wir jetzt zu zeigen suchen, daß

nach katholischen Grundsätzen wirklich der Kirche ihren Kindern gegen=
über eine indirecte Gewalt in bürgerlichen Dingen zukommt.

Gegen diese Gewalt bestehen nun die größten Vorurtheile, selbst
unter Katholiken, und wir dürfen uns darüber nicht wundern, da Meh=
rere Alles besser kennen, als ihre Religion und was mit deren Geschichte
zusammenhängt. Zu ihrer Beschämung, wie zur Zerstreuung ihrer Vor=
urtheile wird es dienlich sein, zuerst die Aussprüche einiger nicht katho=
lischen Philosophen über diese indirecte Gewalt anzuführen.

Hören wir also zuerst den berühmten Leibniz:

„Die Argumente von Bellarmin, welcher von der Voraussetzung
ausgeht, daß die Päpste eine wenigstens mittelbare Gewalt über das
Zeitliche haben, sind selbst einem Hobbes nicht unbedeutend vorgekommen.
In der That ist es gewiß, daß Derjenige, welcher eine vollkommene
Gewalt von Gott erhalten hat, um das Heil der Seelen zu bewirken,
auch Macht besitze, die Tyrannei und den Ehrgeiz der Großen zu
unterdrücken, welche eine so große Anzahl von Seelen zum Untergange
führen." Der protestantische Philosoph setzt dann hinzu: „Niemand
zweifle wenigstens unter den Katholiken, daß diese Macht der allgemeinen
Kirche, welcher die Gewissen unterworfen sind, zustehe." Gerade so be=
stimmt spricht sich Mendelssohn aus, der seiner Herkunft nach ein Jude
war: „Staat und Kirche — Sorge für das Zeitliche und Sorge für
das Ewige — bürgerliche und kirchliche Autorität: jene verhält sich zu
dieser, wie die Wichtigkeit des Zeitlichen zu der Wichtigkeit des Ewigen;
der Staat ist also der Religion untergeordnet, muß weichen, wenn eine
Collision entsteht. Nun widerstehe, wer da kann, dem Kardinal Bellar=
min mit dem fürchterlichen Gefolge seiner Argumente, daß das Oberhaupt
der Kirche zum Behufe des Ewigen nicht auch über das Zeitliche verfü=
gen und also wenigstens indirekt ein Hoheitsrecht üben kann" [1].

„Man redet gegen den Papst," sagt der protestantische Geschicht=
schreiber Joh. v. Müller, „als ob es ein so großes Unglück wäre, wenn
ein Aufseher des geistlichen Sittengesetzes dem Ehrgeize und der Herrsch=
sucht eines Fürsten befehlen könnte: bis hierher und nicht weiter."

56. Was sind das nun für Gründe, die jener jüdische Philosoph
für unwiderstehlich hielt? Oder sehen wir lieber einmal etwas genauer
zu, worin jene indirecte Gewalt besteht? denn es reicht hin, dieses gehörig
aus einander zu setzen, um das zu rechtfertigen, was die Kirche in Bezug

---

[1] Siehe beide Citate bei Beidtel, das canonische Recht. S. 341.

auf die zeitliche Gewalt für sich in Anspruch nimmt. Es ist das um so nöthiger, als die Gegner, wie es die Vertheidiger einer schlechten Sache gewöhnlich thun, zur Entstellung ihre Zuflucht nehmen. Darüber mußte schon Bonifacius VIII. bittere Klagen Philipp dem Schönen gegenüber führen, der auf die unverschämteste Weise die Worte des Papstes ver= dreht hatte. Um sicher zu gehen, wollen wir dabei der Auseinander= setzung der Decretale Novit [1] folgen, welche der große Papst Innocenz III. zur Aufhellung des fraglichen Punktes geschrieben hat, und deren Beweis= kraft Nuyts schon deshalb nicht wird leugnen können, weil er ein vom Staate besoldeter Professor der Decretalen ist.

Innocenz nun betheuert Eingangs wiederholt, er wolle nicht in die Gewalt des Königs eingreifen, nicht sie ändern oder stören, nicht über das Lehen richten, was dem Fürsten zu= stehe (non putet aliquis, quod jurisdictionem regis aut potestatem ipsius minuere vel pertubare velimus... Cum jurisdictionem propriam non sufficiamus explere, cur alienam usurpare vellemus... Non enim intendimus, judicare de feudo, cujus ad ipsum spectat judicium). — Dieselbe politische Selbstständigkeit und Un= abhängigkeit der weltlichen Fürsten spricht übrigens Innocenz auch anderswo mit dürren Worten aus: Cum rex superiorem in temporalibus minime recognoscat. Ebenso hatten auch die früheren Päpste geurtheilt, z. B. der heilige Gelasius in seinem Briefe an den Kaiser Anastasius [2], wenn er sagt: „Was die Ordnung der öffentlichen Zucht betrifft, so gehorchen die Vorsteher der Religion auch Deinen Ge= setzen, da sie anerkennen, daß die kaiserliche Gewalt Dir durch göttliche Fügung verliehen wurde." Auch der hl. Gregor I. schreibt dem Kaiser Mauritius dasselbe mit den Worten: „der Hohepriester habe keine Gewalt, in die Sachen des Palastes sich zu mischen" (introspiciendi in palatium potestatem).

Es ist überflüssig, noch weitere Stellen dafür anzuführen. Versamur in re, de qua nulla est controversia. „Es ist das eine Sache, worüber keine Meinungsverschiedenheit besteht", sagt ein angesehener römischer Canonist und Consultor mehrerer Congregationen [3], nachdem er unmittelbar vorher gezeigt: in rebus temporalibus et sub respectu tinis temporalis Ecclesiam nihil posse in societate civili. Die Kirche

---

[1] Cap. 13. X. de judiciis. (II, 1.)
[2] Ep. 4. ad Anast. Roscovani Monumenta I, 9.
[3] P. Tarquini, Institutiones juris eccl. publici.

legt sich keine solche politische Gewalt bei und noch weniger sind die Gegner gesinnt, ihr dieselbe zuzuerkennen oder der politischen Selbstständigkeit der Staaten das Geringste zu vergeben. Sehen wir also weiter, wie Innocenz III. das Verhältniß zwischen Kirche und Staat beschreibt:

56. „Nullus, qui sit sanae mentis, ignorat, quin ad officium nostrum spectet, de quocumque peccato mortali corripere quemlibet Christianum et, si correctionem comtempserit, ipsum per districtionem ecclesiasticam coërcere." „Jeder Vernünftige weiß, daß es unsere Pflicht ist, jeden Christen, wer er sein möge, über was immer für eine Todsünde zur Rede zu stellen und denselben, falls er unsere Zurechtweisung verachtet, durch die kirchliche Strenge in Schranken zu halten."

Der Papst beweist dann ausführlich aus der hl. Schrift, daß ihm diese Gewalt gegeben, und daß ihr auch die Könige unterworfen seien. Er nimmt mithin für die Kirche eine Gewalt über politische Dinge in Anspruch, nicht in wiefern sie politischer Natur sind, sondern in wiefern sie in Beziehung zum göttlichen Gesetze stehen, als dessen Hüterin die Kirche aufgestellt ist. Wer dieses bestreitet, muß entweder annehmen, daß in politischen Dingen nicht gesündigt werden kann, daß dieselben Gott und seinem Gesetze nicht unterworfen sind, oder aber, daß die Kirche nicht die Gewalt empfangen, vor der Sünde zu warnen und über sie zu richten. Das Letztere kann kein Katholik sagen; es folgt auch auf das Klarste aus der ganz allgemeinen Fassung der von Innocenz angeführten Worte Christi: „Wenn ein Bruder gegen dich gesündigt hat u. s. w., so sage es der Kirche: wenn er aber auf diese nicht hört, so sei er dir wie ein Heide und öffentlicher Sünder." „Wahrlich, ich sage euch, Alles was ihr auf Erden binden werdet, das wird auch im Himmel gebunden sein u. s. w." Das Erstere aber, daß nämlich in politischen Dingen nicht gesündigt werden könne, spricht nicht nur dem Glauben, sondern auch allen Principien der Vernunft Hohn, es würde alle Greuel in politischen Dingen für sittlich erlaubt erklären. Denn wenn die politischen Dinge den Gesetzen Gottes nicht untergeordnet wären, könnten nicht nur die Fürsten, sondern auch die Beamten, ja auch die Unterthanen in politischen Dingen thun, was ihnen beliebte, ohne gegen das Gesetz Gottes zu verstoßen, dann würden Meineid, Verrath, Mord, Brandstiftung, Brunnenvergiftung, ungerechte Kriege, durch irgend welchen politischen Zweck geheiligt.

Zum Schluß macht Innocenz den König darauf aufmerksam, daß

er ja selbst früher die indirecte Gewalt der Kirche nicht nur anerkannt, sondern auch zu seinem Schutze in Anspruch genommen, und fragt ihn dann: „Quomodo quod pro se contra illum admisit, contra se pro alio non admittet? Numquid apud nos debet esse pondus et pondus, mensura et mensura, quum utrumque abominabile sit apud Deum?" „Wie darf er das zurückweisen, was er früher zugelassen, als es sich um seinen Vortheil gegen einen Andern handelte? Muthet er dem Papste zu, zweierlei Gewicht und Maß zu gebrauchen, da dieß doch ein Greuel in den Augen Gottes ist?" Dieselbe Inconsequenz könnte die Kirche auch jetzt noch Manchen vorhalten, die ihre indirecte Gewalt bestreiten. Sie rufen die Kirche an, daß sie den Unterthanen das Gesetz Gottes vorhalte: Gebet dem Kaiser, was des Kaisers ist u. s. w. — die Kirche thut das mit Freuden, weil es ihre Pflicht ist; will sie aber auch den Machthabern dasselbe Gesetz Gottes verkünden, so protestiren sie. Aber warum? Ist die politische Ordnung in jeder Beziehung von Gott, seinem Gesetze und der Kirche, welcher er die Hut dieses Gesetzes anvertraut hat, unabhängig, ei, warum muthet man denn der Kirche zu, Gehorsam und Treue in politischen Dingen zu predigen? Hat aber die Kirche die Gewalt, unter allen ihren Kindern das Gesetz Gottes auch in politischen Dingen zu handhaben und die Abweichungen davon, die Sünden, zu richten, mit welchem Recht will man die Mitglieder der Kirche ausnehmen, welche Träger der politischen Gewalt sind?

58. Schon früher hatte Innocenz bei derselben Veranlassung in ähnlicher Weise geschrieben, indem er sich auf den Grundsatz stützte: „Nullus dubitat sanae mentis, quin nostrum sit, de iis, quae ad salutem animae pertinent, judicare": „Kein Vernünftiger zweifelt, daß es uns zusteht, über das, was sich auf das Heil der Seele bezieht, zu richten." Man sieht, Innocenz nimmt hier seinen Beweis vom Zweck der Kirche her, welcher kein anderer ist, als das letzte Ziel des Menschen, das ewige Heil im Besitze Gottes. Zu diesem Ziel zu führen, hat sie, wie wir gesehen, volle Gewalt von Gott empfangen. Es ist nun von der anderen Seite gewiß, daß auch die Träger der Staatsgewalt, wie alle übrigen Menschen in ihrer gesammten Thätigkeit das letzte Ziel und Ende vor Augen haben sollen, daß der Staat, wie alles Irdische, diesem letzten Ziel untergeordnet ist. Diese Unterordnung darf die Kirche, welche mit der Gewalt betraut ist, die Menschen zum letzten Ziel hinzuleiten, fordern, sie darf daher vom Staat verlangen, er solle die Religion und die Kirche, so weit es die Erreichung des letzten Zieles erheischt,

schützen und unterstützen, ihr zu diesem Behufe seinen weltlichen Arm
leihen; er soll insbesondere die heiligen Gesetze Gottes nicht verletzen,
die zu jenem Ziele führen, und die Kirche kann über diese Verletzungen,
sollten ihre Kinder sich deren schuldig machen, zu Gericht sitzen. In
wiefern also die Staatsgewalt dem letzten Ziel untergeordnet ist, ist sie
auch der geistlichen Gewalt der Kirche untergeordnet.

59. Diesen Vorzug der geistlichen Gewalt haben alle Väter gelehrt.
Beginnen wir in der Anführung ihrer Worte mit Chrysostomus: „Die
in der Kirche ruhende Gewalt", sagt der große christliche Redner, „ist so
erhaben über die bürgerliche, als der Himmel über die Erde, und so weit
stehen jene beiden Gewalten von einander ab, als der Unterschied zwischen
Leib und Seele beträgt[1]." In ähnlicher Weise drückt sich der hl. Gregor
von Nazianz aus. Er ruft den Fürsten und Beamten zu: „Das Gesetz
Christi hat auch Euch meiner Gewalt und meinem (bischöflichen) Throne
unterworfen. Denn auch wir haben Gewalt; ja, ich setze hinzu, eine
vorzüglichere und vollkommenere, oder man müßte es billig erachten,
daß der Geist dem Fleische, das Himmlische dem Irdischen nachstehe[2]."

Daß diese Lehre im Mittelalter von der Kirche festgehalten wurde,
bedarf keines Beweises. Wir finden dieselbe auch von den Theologen
des von den Gallicanern so hoch geschätzten Konstanzer Concils[3] ausge=
sprochen: „Es ist einem solchen Kleriker nicht erlaubt, vom kirchlichen
Forum und Richter an das zeitliche Forum und den bürgerlichen Richter
zu appelliren, da dieß vom Höhern zum Niedern appelliren hieße. Denn
wie sich der Geist zum Körper verhält und der Bereich des Geistes zum
Bereiche des Körpers; so waltet auch dasselbe Verhältniß zwischen kirch=
lichem und irdischem Richter, und zwischen kirchlichem und irdischem
Forum."

Wenn diese Lehre später eine Trübung in der gallicanischen Kirche
erlitt, so war der Absolutismus daran schuld, welcher eben, um unein=
geschränkt durch göttliches und menschliches Recht die Unterthanen be=
herrschen zu können, die entgegengesetzte Meinung durch allerhand Ränke
und Künste dem Klerus und der Universität aufoctroyirte. In der That
kann die oben von Innocenz III. ausgesprochene Lehre von keinem Ka=
tholiken geleugnet werden. Denn ein solcher müßte entweder behaupten,
die Kirche habe nicht von Gott eine wahre und volle Gewalt erhalten,

---

[1] 2 Cor. Hom. XV.   [2] Or. XVII.
[3] Append. Conc. Constant. n. 23. ad Art. XII. Wiclefi.

die Menschen zum ewigen Heile zu leiten, und das widerspricht unserem Glauben, wie früher bewiesen worden ist; oder aber er müßte leugnen, daß der Staat und die weltlichen Machthaber Gott und dem von ihm aller Creatur gesteckten Ziele unterworfen seien, und das führt, wie Bonifacius VIII. gegen Philipp den Schönen richtig in seiner dogmatischen Bulle Unam sanctam bemerkt, zum Manichäismus; denn es wird ein unabhängiges Princip Gott gegenübergestellt.

60. Ueber diese Vergleichung mit dem Manichäismus ist freilich gespöttelt worden; dennoch ist sie zutreffender, als Manche vielleicht denken mögen, besonders wenn man die heutigen Gesinnungsgenossen Philipps des Schönen betrachtet.

Die Manichäer nahmen bekanntlich ein doppeltes höchstes Princip in der Welt an und für jedes ein Reich. Zu dem Reiche Gottes rechneten sie die Seelen; die ganze äußere materielle Ordnung aber gehörte nach ihnen zum Reiche eines von Gott verschiedenen Princips. Was thun nun die consequenten Liberalen? Ei, sagen sie, was hat die Politik, was die Ehe und Familie, was die Wissenschaft und Industrie, was das gesammte sociale Leben mit der Religion zu schaffen? Sie schließen mithin das gesammte äußere Leben vom Bereiche der Religion aus und weisen dieser als Zufluchtsstätte nur die Seele, das Heiligthum des Gewissens an. Stimmen sie also nicht hierin vollkommen mit dem manichäischen Systeme zusammen?

Die bekannte Folge des Manichäismus war sein gesetzfeindlicher Charakter; das ist auch Folge des consequenten Liberalismus, der sich in seinen Extremen über alle göttlichen Gesetze frech hinwegsetzt.

Der Manichäismus schlich bekanntlich im Geheimen und suchte durch den Nimbus von Mysterien sich auszubreiten; so auch der consequente Liberalismus in seinen Geheimbünden [1].

Der Manichäismus brüstete sich mit seinem Lichte und seiner Aufklärung, während er die Katholiken als dummes Volk verachtete; thun es anders die fortgeschrittenen Liberalen? Und dennoch, um auf das Grunddogma zu kommen, auf das ihr Glaube folgerichtig führt, wie thöricht ist dieser gebildete Unsinn, der den Allmächtigen von der Regierung der äußeren Welt ausschließen möchte?

---

[1] Ueber diese frappante Aehnlichkeit siehe Hurter, Innocenz III. 2. B. S. 236. Aber selbst die Gegner gestehen eine Verwandtschaft zwischen sich und dem Manichäismus des Mittelalters ein. So noch in neuester Zeit Theodorani im Giornale del Centenario di Dante. Vergleiche Histor.-Polit. Bl. B. 57. S. 52.

Was nun die Einwürfe gegen die katholische Anschauung betrifft, so lassen sich einige mit der schon oben angeführten Bemerkung zurückweisen, daß man zwischen der Gewalt und deren Ausübung wohl unterscheiden müsse; die Letztere ist nämlich je nach verschiedenen Zeitumständen verschieden. Die meisten Schwierigkeiten beruhen jedoch auf der Voraussetzung, daß die Kirche die politische Selbstständigkeit der Staaten beeinträchtigen wolle, was, wie bemerkt, grundfalsch ist.

Wir brauchen uns deshalb, um unnütze Wiederholung zu vermeiden, nicht weiter auf die Widerlegung der Einwürfe einzulassen.

So viel also von der indirecten zeitlichen Gewalt der Kirche. Es war für den Papst nothwendig, sie zu vertheidigen; denn dadurch traf er das Herz der verkehrten neueren Zeitrichtung, welche die gesammte politische Ordnung völlig von allen religiös-sittlichen Gesetzen und Principien emancipiren will und eben deshalb so sehr sich über den Syllabus erzürnt hat.

———————

IV. Die Träger der kirchlichen Gewalt. (Klerus.)

61. Die geistliche Gewalt, welche in der Kirche ruht, ist über allen Begriff groß und erhaben. Oder ist nicht wahrhaft göttlich die Macht, welche Christus mit den Worten bezeichnet: „Alles, was ihr auf Erden löset, soll auch im Himmel gelöset sein; denen ihr die Sünden vergebet, denen sind sie vergeben"? Ist nicht übermenschlich die Gewalt, mit Unfehlbarkeit die ewigen Wahrheiten zu lehren? Ueberragt nicht weitaus die Grenzen irdischer Größe die Befugniß, mit höchster Autorität aller Creatur, auch den Fürsten, das Gesetz Gottes zu verkünden? Fürwahr solche Gewalt hat der Mensch nicht aus sich, aus natürlichen Kräften, viel weniger kann er sie Andern ohne höheren Auftrag mittheilen. Zweifellos steht darum fest, nur diejenigen sind Träger der geistlichen Gewalt, denen der Herr sie übertragen hat. „Niemand," sagt der Apostel, „nimmt sich die Ehre, er sei denn berufen wie Aaron."

Hat nun der Herr alle oder nur einige Christen zu Trägern dieser Gewalt bestimmt? eine Streitfrage, deren Entscheidung von der äußersten Wichtigkeit zur Beurtheilung des folgerichtigen Liberalismus ist. Denn wenn die katholische Anschauung wahr ist, so hat Christus offenbar dem Klerus in der geistlichen Gewalt ein Vorrecht gegeben, dessen das Volk entbehrt, und mithin schnurstracks gegen die vom Liberalismus überall

4 *

angestrebte wesentliche Gleichheit der Menschen gehandelt. Eben wegen der Wichtigkeit der Frage müssen wir bei deren Lösung vor Allem gründlich zu Werke gehen. Beginnen wir mit einer Gegenüberstellung der beiden entgegengesetzten Lehren.

Die Gegner der Kirche behaupten nach dem Vorgang Luthers: „Alle Christen sind wahrhaft geistlichen Standes, alle haben gleiche Gewalt," „was aus der Taufe gekrochen ist, das mag sich rühmen, daß es schon Priester, Bischof und Papst geweiht sei." Weil es aber große Unordnung absetzen würde, wenn ein Jeder diese Gewalt ausüben wollte, so „werden Einer, oder so viele es der Gemeinde beliebt, erwählt, welche anstatt und im Namen Aller, denen dasselbige Recht zukommt, das Amt verwalten". Nach katholischer Anschauung hat der Herr die geistliche Gewalt nicht Allen verliehen, sondern nur auserwählten Jüngern, den Aposteln und ihrem Haupte, Petrus; diese haben nach Christi Auftrag ihre geistliche Gewalt nicht allen Gläubigen, sondern nur bestimmten Männern übertragen, die sie durch Weihe und Sendung dazu bevollmächtigten. So ist es in ununterbrochener Reihenfolge bis auf den heutigen Tag gegangen.

Demgemäß haben nach katholischer Anschauung nicht Alle gleiche Gewalt in geistlichen Dingen, sondern der Klerus ist der alleinige Träger der von Christus zuerst den Aposteln übertragenen geistlichen Gewalt, welcher die anderen Gläubigen, die Laien, unterworfen sind.

62. Diese katholische Lehre läßt sich nun mit der größten Gewißheit darthun. Christus hat nämlich in der That die geistliche Gewalt nicht allen Gläubigen, sondern einzig und allein auserwählten Jüngern, den Aposteln und insbesondere ihrem Haupte, Petrus, übertragen. Nur ihnen hat er ja den Auftrag gegeben, seine Heerde zu weiden; nur ihnen die Vollmacht verliehen, zu binden und zu lösen; nur zu ihnen geredet: „Wie mich der Vater gesandt, so sende ich euch; denen ihr die Sünden vergebet, denen sind sie vergeben"; nur zu ihnen endlich hat er gesprochen: „Mir ist alle Gewalt gegeben im Himmel und auf Erden; gehet also hin und lehret alle Völker."

Wie Christus handelten auch die Apostel, und wir können nicht zweifeln, daß sie das im Auftrage des Herrn gethan. Nirgends behaupteten sie, daß alle Gläubigen gleiche Gewalt hätten; im Gegentheil, die ihnen von Christus verliehene Gewalt übertrugen sie nur bestimmten, auserwählten Männern. Sie nahmen freilich hierbei auf den Wunsch und das Zeugniß der Gemeinde Rücksicht; doch ist solches nicht im Geringsten der katholischen Ansicht zuwider. Etwas Anderes ist es, bei der Auswahl der Personen mitzuwirken, etwas Anderes, denselben Amt und Gewalt zu übertragen. Das Erste kann auch von Laien geschehen und geschieht auch jetzt noch in der Kirche mannigfach von Laien; das Letztere nur von den kirchlichen Obern. Das wurde auch in dem apostolischen Zeitalter nach dem klarsten Zeugniß der heiligen Schrift eingehalten. Paulus und Barnabas waren es, die auf ihrer Missionsreise Presbyter in den einzelnen Kirchen anstellten, und wie der Apostel Titus als Vorsteher in Kreta gelassen hat, so trug er ihm auf, in den einzelnen Städten dieser Insel Presbyter (Bischöfe) anzustellen. Dafür gab er dem Titus sowohl, als dem Timotheus über die zum bischöflichen Amte nothwendigen Erfordernisse und Eigenschaften mancherlei Vorschriften und schärfte seinem Lieblingsjünger ein, Niemanden vorschnell zu weihen, damit er nicht an fremder Sündenschuld theilnehme. Die endgültige Prüfung also, ob der von der Gemeinde Gewünschte des kirchlichen Amtes würdig und zu weihen sei, und die Anstellung standen den Aposteln und den von ihnen gesetzten Vorstehern zu. Das leuchtet auch aus den Worten hervor, welche die Apostel vor der Wahl der Diakonen zu der Menge sprachen: „Sehet euch nach sieben Männern um, die ein gutes Zeugniß haben, damit wir sie über dieses Werk setzen.“

Die von den Aposteln bestellten kirchlichen Obern hatten aber eine wahre und eigentliche Gewalt, wie früher bewiesen, und die übrigen Gläubigen wurden angehalten, ihnen zu gehorchen und unterwürsig zu sein; es ist also falsch, daß die geistliche Gewalt in allen Christen gleich gewesen sei und in Allen geruht habe.

63. Dasselbe ergibt sich aus der Tradition, und die Gegner können diesen Beweis nicht zurückweisen, weil es sich hier um eine Thatsache handelt, die wie jede andere durch glaubwürdige Zeugnisse dargethan werden kann. Nehmen wir also das älteste, sichere Schriftstück der Tradition, den Brief des römischen Bischofes und Apostelschülers Clemens zur Hand.

Die Veranlassung zu diesem Briefe gibt Clemens mit folgenden Worten: „Wir sehen, daß Einige vom Amte, das sie unbescholten bekleiden, durch euch entfernt sind... Es ist schimpflich, überaus schimpflich und des christlichen Lebens unwürdig, daß man hört, die auf das Festeste begründete und uralte Kirche von Korinth habe sich um eines oder des andern Menschen willen gegen ihre Presbyter aufgelehnt [1].“

---

[1] C. 44. 47. Coustant, epist. Rom. Pont. p. 30. 32.

Wie tritt nun Clemens gegen eine solche Widersetzlichkeit auf? Er stellt den Klerus als eine von Gott in der Kirche gewollte und von den Aposteln in der Kirche begründete Ordnung dar. „Gesandt ist Christus von Gott und die Apostel von Christus [1]. ... Nach erhaltenem Auftrage ... predigten sie in verschiedenen Ländern und Städten und bestellten die Erstlinge der Bekehrten zu Bischöfen und Diakonen derer, die da glauben würden. ... Sie erkannten durch unsern Herrn Jesus Christus, daß über die bischöfliche Würde Streit entstehen werde; deshalb stellten sie die vorhin Erwähnten an und gaben dann die Anordnung, wie nach dem Tode derselben ihr Amt andere bewährte Männer übernehmen sollten. Die also von jenen und dann später von anderen vorzüglichen Männern, unter der beifälligen Zustimmung der ganzen Kirche, angestellt sind und untadelhaft ihr Amt geführt haben, werden unseres Dafürhaltens mit Unrecht abgesetzt." Hieraus zieht er gegen das Ende des Briefes den Schluß: „Ihr also, die ihr den Beginn der Widersetzlichkeit gemacht, seid den Presbytern unterworfen."

Wir sehen, in diesem Briefe ist ganz die katholische Anschauung enthalten: Die Gewalt kommt von oben, nicht von unten; denn nicht Alle nehmen an der geistlichen Gewalt Theil, sondern diese ging vom himmlischen Vater auf Christus, von Christus auf die Apostel über, von den Aposteln auf die von ihnen Angestellten. Solchen Trägern der geistlichen Gewalt sollten kraft göttlicher Anordnung die anderen Christen unterwürfig sein, ja Clemens gebraucht schon sogar das Wort Laie zur Bezeichnung der nicht mit der geistlichen Gewalt Betrauten [2]. Nach seinen Worten ist die Auflehnung gegen die Presbyter, die er wiederholt Vorsteher nennt, schimpflich, überaus schimpflich, des christlichen Namens unwürdig, ärgerlich für die Heiden und gefährlich für die Christen selbst.

64. Wo möglich noch schärfer betont ein anderer Apostelschüler, der hl. Ignatius, die Unterwürfigkeit gegen die kirchliche Hierarchie der Bischöfe, Presbyter und Diakone; er kann nicht oft genug wiederholen, daß dieß dem göttlichen Willen gemäß sei. Das erpreßt selbst einem Gegner wie Hase das Geständniß: „Die katholische Anschauung findet sich bereits in den Briefen des Ignatius" [3]. Wir unterlassen deßhalb die Anführung von Stellen aus diesen Briefen. Hätte Hase mit unbefangenem

[1] C. 42. [2] C. 40. Hierüber weiter unten Mehreres.
[3] Handbuch der protestantischen Polemik II. Ausg. S. 103.

Auge Irenäus gelesen, so hätte er von diesem in ähnlicher Weise, wie von Ignatius, gesprochen, und somit seinem Glaubensgenossen, dem gelehrten Professor des Kirchenrechtes, Richter, beigestimmt, welcher auch bei Irenäus eine katholische Anschauungsweise von der Kirche findet. Nach Hase besteht nämlich der Unterschied zwischen der katholischen und protestantischen Lehre darin, daß die Katholiken ihren Klerus als einen von Christus eingesetzten Stand betrachten, der durch eine mit ununterbrochener Erbfolge ertheilte Weihe mit eigenthümlicher Gnadengabe ausgerüstet ist, daß die Protestanten aber meinen, der geistliche Stand sei ein aus der Gemeinde immerdar hervorgehendes, und nur der Ordnung halber eingesetztes Amt. Demgemäß urtheile der Leser, welcher Anschauung, der katholischen, oder aber der protestantischen, der hl. Martyrer und Jünger des Apostelschülers Polykarpus in folgender Stelle huldigt: „Man muß den Presbytern gehorchen, welche in der Kirche sind und mit der Nachfolge im bischöflichen Amte die Gnadengabe der Wahrheit empfingen!" Auch anderswo kann Irenäus nicht genug auf diese Erbfolge dringen, welche von den Aposteln und den von ihnen Angestellten anhebe und durch welche die wahre Lehre uns überliefert werde. „Bei diesen seien die Gnadengaben des Herrn, von ihnen müsse man die Wahrheit lernen." Nach Irenäus ging also die Lehrgewalt und die zu ihrer gehörigen Ausübung erforderliche Gnadengabe der Wahrheit von den Aposteln kraft ununterbrochener Nachfolge auf die Vorsteher der Kirche über, an diese sind deßhalb die Gläubigen gewiesen, ihnen müssen sie gehorchen. Offenbar die katholische Anschauung. (S. Irenaei cont. haer. l. 4. c. 26. n. 2. 5. Ed. Massuet I. p. 262. 263.)

65. Doch gehen wir zu einem andern Zeugen über, der noch einige Zeit mit Irenäus lebte. Der erste lateinische Kirchenschriftsteller, Tertullian, gibt die feste hierarchische Ordnung des Klerus bereits als unterscheidendes Merkmal der Kirche an. An einer Stelle, wo er beschreiben will, „wie nichtswürdig, wie irdisch, wie so ganz menschlich das Verhalten der Sectirer, wie es ohne Ansehen, ohne Würde, ohne Zucht sei," sagt er von ihnen Folgendes: „Ihre Weihen geschehen ohne Prüfung, leichtsinnig, und haben keinen Bestand. Bald stellen sie Neophyten an, bald solche, die in weltliche Dinge verstrickt, bald, die von uns abgefallen sind. Nirgends kommt man leichter voran, als im Lager der Häretiker, wo schon das Verweilen selbst als Verdienst angerechnet wird. Darum ist Bischof heute dieser, morgen jener. Heute ist Diakon, welcher morgen Lector, heute Presbyter, welcher morgen Laie wird.

Denn auch den Laien tragen sie priesterliche Verrichtungen auf" [1].

Von dieser Zeit an häufen sich die Zeugnisse für die Wahrheit, daß der Klerus als ausschließlicher Träger der geistlichen Gewalt und als ein besonderer Stand gegenüber den Laien den Gottesdienst leitete und die Kirche regierte. Wir begnügen uns in dieser klaren Sache aus den vielen Canones, welche das erste allgemeine Concil von Nicäa (v. J. 325) über den Klerus erlassen hat, den XIV. anzuführen: „Es kam zur Kenntniß der hl. Synode, daß in gewissen Ortschaften und Städten Diakone den Priestern die Sacramente spenden. Das hat weder ein kirchlicher Canon noch Brauch überliefert, daß diejenigen, welche nicht die Gewalt haben, das Opfer darzubringen, denen, welche opfern, den Leib Christi reichen." Haben nun die Diakone keine Gewalt, das Opfer darzubringen, so noch weniger die Laien. Das erste allgemeine Concil setzt also ein Priesterthum im eigentlichen Sinne des Wortes, oder was dasselbe ist, die katholische Anschauung vom Klerus voraus. Nach solchen Zeugnissen müssen wir durchaus an der geschichtlichen Thatsache festhalten, daß der katholische Klerus von jeher in der Kirche ausschließlich die geistliche Gewalt besessen.

66. Wollte Jemand aber dieß dennoch bezweifeln, so müßte ihn daran schon die Nichtigkeit der Gründe hindern, welche die Gegner dagegen aus der Tradition vorbringen. Denn, was sind das für Einwürfe? Nehmen wir die vorzüglichsten einmal vor. Da führt man folgende Stelle des Irenäus an: „Alle Gerechten gehören zur priesterlichen Ordnung." Aber sicherlich hätte man sich nicht so zuversichtlich auf jene Worte berufen, wenn man sie im Zusammenhang gelesen. Irenäus bezieht nämlich jene Worte auf David (contra Haer. e. IV. c. 8. n. 3. Edit. Massuet p. 237). Es ist mithin lächerlich, durch diese Worte die lutherische Lehre beweisen zu wollen, Alles, „was aus der Taufe gekrochen," besitze die gleiche geistliche Gewalt. Oder war vielleicht David „aus der Taufe gekrochen"? So viel von diesem Einwurf in unserer Broschüre; für die weitere Auslegung der Stelle müssen wir auf die III. dissertat. von Massuet n. 100. 101. verweisen. Man beruft sich ferner auf Tertullian, jedoch auf die Schriften, die er als Montanist geschrieben. Wir dürfen uns aber gar nicht wundern, daß Tertullian, nachdem er sich förmlich von der katholischen Kirche losgesagt und sich

---

[1] De praescript. c. 41.

den Sectirern angeschlossen, auch die von ihm früher gerügten Ansichten derselben über den geistlichen Stand angenommen habe. Es darf uns das um so weniger befremden, da gerade der Montanismus, dem Tertullian sich angeschlossen, dieses ganz besonders mit sich brachte. Derselbe wollte ja gegen die Predigt des in der Kirche waltenden Lehramtes die angeblichen Offenbarungen zweier Frauenzimmer zur Geltung bringen. Darum beweisen gar nichts die von den Gegnern so sehr betonten Worte Tertullians: „Sind nicht wir Laien auch Priester? . . . .“ Sie sind nämlich aus dem Buche: **Exhortatio ad castitatem** (c. 7) genommen, das jener als Montanist verfaßt hat. Uebrigens haben katholische Gelehrte, wie Albaspinäus und Petavius, weitläufig gezeigt, daß die besagten Worte eine katholische Auslegung zulassen. Aber angenommen auch, daß eine solche ganz unstatthaft wäre, jene Stelle bewiese dann eben nur die Unbeständigkeit des von der Kirche abgefallenen Mannes, und zwar eine so große, daß er nach seinem Abfall das annahm, was er früher an den Sectirern verdammt hatte. Dieser Einwurf zeigt also nur, wie leicht es sich die Gegner mit der Bekämpfung der katholischen Lehre machen. Die Worte eines abgefallenen Priesters führen sie an als Ausdruck der kirchlichen Ueberzeugung. Mit demselben Rechte könnte man aber auch die Schimpfreden eines Rongeaners für katholische Wahrheit ausbieten. Die von den Gegnern angezogene Stelle Tertullians wird endlich vollends allen Werth in den Augen unbefangener Männer verlieren, wenn dieselben erwägen, daß Tertullian seine Worte gegen die Erlaubtheit der zweiten Ehe richtet. Denn es ist wirklich unglaublich, welch' geschraubten und verschrobenen Sinn Tertullian den einfachsten Worten unterschiebt, um jene montanistische Irrlehre gegen die Katholiken zu beweisen. So sagt er an unserer Stelle: Paulus verbiete den Bischöfen und Priestern die zweite Ehe (1. Tim. 5, 1.); nun aber seien die Laien auch Priester; also sei auch ihnen die zweite Ehe verboten. An einer andern Stelle bringt er folgenden Grund: Alle Christen sind Brüder, mithin jede Wittwe eine Schwägerin; nun aber verbietet das Gesetz die Ehe mit der Schwägerin; also ist die Ehe mit einer Wittwe verboten. Welch' erbärmliche Wortklauberei! denn ist die zweite Ehe verboten als eine Ehe mit dem Schwager oder der Schwägerin, so ist es noch mehr die erste Ehe, weil das eine Ehe mit der Schwester wäre. Bis zu welchem Unsinn kann sich doch nicht ein großer Geist verirren, wenn er von der katholischen Kirche abfällt? Von der andern Seite müssen wir auch

diejenigen bemitleiden, die in allem Ernste ein solch' verschrobenes Wort=
spiel gegen die gewisseste Thatsache vorbringen, daß schon in den ersten
Jahrhunderten der Klerus den Laien gegenüber als Träger der geistlichen
Gewalt dastand.

67. Doch Hase weist gegen die katholische Lehre vom Klerus in
seinem Handbuche der protestantischen Polemik (S. 104) auch auf eine
Thatsache der Kirchengeschichte hin. „Frumentius," sind seine Worte,
„der nachmals vom hl. Athanasius geweihte Bischof von Abyssinien, hat
noch als Laie dort die Kirche gegründet und die hl. Liturgie gehalten."
Zur Bekräftigung führt er einige abgerissene griechische Worte aus Theo=
doret an. Nur Schade, daß diese sich gar nicht auf Frumentius, son=
dern auf die römischen Fremden beziehen, die Frumentius „ermunterte,
die hl. Liturgie zu halten". Hase kann also nichts mit den Worten
Theodoret's machen, so lange er nicht beweist, daß kein Priester unter
diesen römischen Fremden war. Wie will er aber das zeigen? Doch
noch mehr. Allerdings wird „die heilige Liturgie" nach der gewöhn=
lichen Bedeutung des Worts für Messe genommen; ausnahmsweise kann
das Wort aber auch für „Gottesdienst" überhaupt gebraucht werden,
und daß es hier wirklich diese Bedeutung hat, ergibt sich aus einer Ver=
gleichung Theodorets mit Rufin, aus dem offenbar jener seine Erzählung
hergenommen. Rufin sagt nämlich nur, Frumentius habe die Fremden
ermuntert, Versammlungen des Gebetes wegen zu halten (conventus
orationis causa) [1]. Das ist aber nach der katholischen Lehre nicht nur
erlaubt, sondern höchst lobenswerth, wenn Laien in einem wildfremden
Lande, wo es keine Priester gibt, zusammenkommen, um gemeinschaftlich
zu beten [2].

68. Wo möglich noch schlechter, als der Beweis, den die Gegner
aus Tradition und Geschichte wider die katholische Lehre führen, gelingt
ihnen die Erklärung des Ursprunges der kirchlichen Anschauung. Nach=
dem Hase ausgesprochen, diese finde sich wesentlich schon in den Briefen

---

[1] Hist. Eccl. II. c.
[2] Um nichts zu verschweigen, müssen wir hinzufügen, daß Hase auch eine That=
sache über zwei Schiffbrüchige den Werken des hl. Augustinus entnommen haben
will. Aber er hütet sich, die Stelle anzuführen, wo dieselbe erzählt werde. Man
begreift auch nicht, wie sie zur Kenntniß eines Schriftstellers gekommen sei, weil die
beiden einzigen Zeugen unmittelbar nach der That in's Meer versunken sind. Ist
vielleicht einer derselben nach dem Tode Hase erschienen, um diesem zu seinen un=
zähligen Geschichtchen und Anekdötlein wider die Kirche noch ein weiteres zu liefern?

des hl. Ignatius, fährt er also fort: „Indem das alte Testament zuerst die einzige hl. Schrift war und immer die eine blieb, entstand die Nei= gung, das Evangelium als ein neues, verjüngtes und verklärtes Gesetz anzusehen, sonach auch in der alttestamentlichen Hierarchie das Vorbild einer neuen Hierarchie zu finden, nur mit höhern Pflichten und Rechten." Um eine solche Ausrede zu würdigen, erwäge man, daß die Anschauung vom Klerus wohl der wichtigste aller Streitpunkte zwischen der Kirche und ihren Gegnern ist. In dieser allerwichtigsten Frage wäre also be= reits die älteste Kirche, in der noch nicht die neutestamentlichen Schriften gesammelt waren, von der erhabenen christlichen Idee zum Judenthum abgefallen. Das bürdet man jenen Vätern auf, die noch die Apostel oder deren Schüler gehört, jenen Christen, die so bereitwillig ihr Blut für die christliche Wahrheit verspritzten, einem hl. Ignatius, der von Liebe zu Christus und dem Christenthum über alle Maßen erglühte und unter Anderm ganz besonders gegen das Judaisiren eiferte. Und man verlangt, wir sollten solchen Vermuthungen mehr glauben, als jenen hl. Märtyrern und Bischöfen, die auf das Bestimmteste betheuerten, an der von den Aposteln überlieferten Lehre festhalten zu wollen? Fürwahr, man mag dergleichen Ansinnen an Andere stellen, die das Licht der Ge= schichte zu scheuen haben und sich deßhalb in den Nebel der Hypothesen zu hüllen suchen; wir aber wollen an der über allen Zweifel erhabenen Wahrheit festhalten, daß der katholische Klerus in unvordenklichem Be= sitz der geistlichen Gewalt war. Er blieb auch in diesem ungestörten Besitze viele Jahrhunderte lang. Kaum wurde ein erheblicher Zweifel darüber aufgeworfen. Da ging im XVI. Jahrhundert der Sturm gegen die geistliche Gewalt der kirchlichen Vorsteher los. Gewiß, das müssen klare und unwiderlegliche Gründe, das müssen „helle" Schrifttexte sein, die ein solches Vorgehen gegen einen unvordenklichen, ungestörten Besitz zu rechtfertigen vermöchten. Untersuchen wir einmal die allerwichtigsten.

69. Man beruft sich auf 1. Petr. 2, 9., wo von den Christen ohne Unterschied gesagt wird, sie seien ein königliches Priesterthum. Aehnlich heißt es in der geheimen Offenbarung (1, 6.), daß Gott uns zu Kö= nigen und Priestern gemacht. Aber was wollen die Gegner mit diesen Stellen? denn diese beweisen offenbar nur dann etwas gegen die katho= lische Lehre, wenn man Priester und Priesterthum, von denen da die Rede ist, im strengen Sinne des Wortes als Träger der in der Kirche ruhen= den geistlichen Gewalt nehmen müßte. Ist das der Fall? Nun, dann müßten auch die andern Worte: König und königlich im eigentlichen Sinn

verstanden werden. Ist es aber unsinnig, alle Gläubigen zu wirklichen Königen zu machen, müssen mithin besagte Worte in figürlicher Bedeutung genommen werden; so steht uns auch das Recht zu, ja wir sind genöthigt, das Priesterthum der Gläubigen in einem weiteren, bildlichen Sinne zu fassen. Wir müssen das um so mehr thun, da diese Worte offenbar nur ein Nachklang der Gottesstimme von Sinai sind: „Ihr seid ein priesterliches Königthum." Trotz dieses Ausspruches bestand im Alten Bunde neben diesem allgemeinen Priesterthum ein eigentliches im strengsten Sinne des Wortes. Warum sollte das also nicht im Neuen Testamente der Fall sein können?

Petrus erklärt übrigens selbst die angeführte Stelle auf diese Weise; denn er leitet aus seiner Behauptung die Ermahnung her, die Christen sollten geistige Opfer (das Lob Gottes und Werke der Mildthätigkeit Hebr. 13, 15—16) dem Herrn darbringen (V. 5), sie sollten durch Beherrschung der fleischlichen Lüste (V. 11) und durch einen guten Lebenswandel (V. 12) die Tugenden dessen predigen, der sie erwählt. Nun, in diesem Sinne sind auch nach katholischer Lehre die Gläubigen Herrscher und Prediger, Könige und Priester. Wie wird dadurch aber die Wahrheit geleugnet, daß nicht alle Christen Träger der geistlichen Gewalt sind? Wie kann man vollends auf eine solche Stelle hin mit Gefahr des ewigen Heiles den gesammten Glauben der Kirche, der Säule und Grundveste der Wahrheit, die ganze christliche Ueberlieferung, das Recht eines unvordenklichen Besitzes verwerfen?

70. Man beruft sich ferner gegen die katholische Lehre auf Matth. 16, 17. Christus will dort, man solle den unverbesserlichen Sünder der Kirche anzeigen; „wenn dieser aber die Kirche nicht hört, so sei er dir wie ein Heide und öffentlicher Sünder." Hiermit habe er nicht den wenigen Aposteln, sondern der Kirche, d. i. der Gemeinde, die Gerichtsbarkeit und also auch die Gewalt übertragen.

So mag es allerdings den Anschein haben, wenn man nicht den unmittelbar folgenden Vers in's Auge faßt. Derselbe lautet: „Wahrlich, ich sage Euch, alles, was ihr auf Erden binden werdet, das soll auch im Himmel gebunden sein." Der Heiland wollte, wie wir schon oben bemerkten, hiemit seine frühern Worte erläutern, so daß der Sinn ist: „Eure Ansprüche sind auch im Himmel vor Gott gültig, deßhalb müssen sie so hoch geachtet werden, daß Jeder, der sie nicht hören will, als ein Heide anzusehen ist." Demgemäß sind unter „Kirche" diejenigen zu verstehen, zu denen er die unmittelbar folgenden erläuternden Worte gesprochen hat; das waren aber nach B. 1 desselben Kapitels „die Jünger", die Apostel. Nichts ist ja auch gewöhnlicher, als daß die Obern einer Gesellschaft als deren natürliche Repräsentanten für diese selbst gesetzt werden. Es geschieht solches fortwährend noch bei den Katholiken, die häufig unter der Kirche nicht die Gesammtheit der Gläubigen, sondern die Bischöfe verstehen.

Doch wozu diese lange Auseinandersetzung? Wer will denn im Ernste Christus den Unsinn aufbürden, er habe geboten, die Sünden Anderer vor der ganzen Gemeinde anzuklagen? In der Praxis wenigstens wird dieser Sinn der Worte weder bei Protestanten, noch bei Katholiken anerkannt und das mit gutem Grunde, wegen der schrecklichen Unordnungen, die daraus folgen würden. Sind aber in der angeführten Stelle unter Kirche die kirchlichen Vorsteher, die Apostel und ihre Nachfolger zu verstehen; so beweist der Text gar nichts gegen die katholische Lehre, im Gegentheil zeigt er, daß Christus den Obern der Kirche eine wahre, richterliche Gewalt übertragen, welche dieselben somit unmittelbar vom Herrn, nicht aber von der Gemeinde besitzen. Das ist aber die katholische Anschauung.

71. Doch wir sind mit den Einwürfen wider die Lehre der Kirche nicht zu Ende. Um sie anzugreifen, hat man in neuerer Zeit stark betont, das Höchste, der heilige Geist, sei allen Christen, nicht bloß einem besondern Lehramte oder Stande verheißen; in den apostolischen Zeiten habe Jeder lehren dürfen, in dessen Gemüth sich der göttliche Strahl der Erleuchtung gesenkt habe; es widerstrebe dem christlichen Bewußtsein ein Mittlerstand, der sich zwischen Gott und sein Volk, zwischen Christus und seine Christenheit setze.

Auch die katholische Kirche glaubt, der hl. Geist sei allen Christen verheißen und werde durch die hl. Sacramente denen, die ihm kein Hinderniß setzen, mitgetheilt. Aber sie glaubt nicht minder der hl. Schrift (1. Cor. 12, 4 ff.), die da betheuert, die Gnaden, die Aemter, die Wirkungen, welche vom hl. Geiste herrühren, seien verschieden. Der hl. Cyrill erläutert dieses durch ein sinniges Gleichniß. Ein und dasselbe Wasser strömt vom Himmel, aber in den Pflanzen, die sich von ihm nähren, gestaltet es sich in der verschiedensten Weise. In den Rosen wird es roth, blau im Veilchen, weiß in der Lilie und im Blätterschmucke grün. Gerade so geht es mit jener göttlichen Gabe, die von oben kommt. Ein und derselbe ist der hl. Geist, aber verschieden seine Wirkungen. Wie sollte es auch anders sein? Eine unermeßliche Mannigfaltigkeit hat

Gott in der niedern Welt gewirkt; sollte sein Arm für die höhere geistige Ordnung verkürzt sein, daß er dort nichts wesentlich Verschiedenes hervorzubringen vermöchte?

72. Was nun der hl. Geist in Allen wirken will, ist nach dem Worte Gottes und der Lehre der katholischen Kirche die Gnade der Wiedergeburt und der Kindschaft Gottes, sodann die Tugenden, welche alle Kinder Gottes schmücken sollen. Hiervon sind nun 2) ganz und gar verschieden die außerordentlichen Gnadengaben und Wunderkräfte der Sprachen, der Weissagung, der Heilungen und andere mehr, welche der hl. Geist bei der Gründung der Kirche in so reicher Fülle mittheilte, welche später wegen veränderter Verhältnisse abnahmen, aber nie ganz von der Kirche gewichen sind. Endlich ist 3) noch die Amtsgewalt zu erwähnen, als deren Quelle von der Schrift der hl. Geist genannt wird. So sagt Christus zu den Aposteln[1]: „Empfanget den hl. Geist, denen ihr die Sünden vergebet, denen sind sie vergeben." Hiernach empfingen die Apostel durch die Mittheilung des hl. Geistes die Gewalt, Sünden zu vergeben. Gleicherweise sagt der Apostel, der hl. Geist setze die Bischöfe, und an andern Stellen zählt er unter den Gaben und Wirkungen des hl. Geistes auch das Vorsteher-, Lehr- und Hirtenamt auf[2]. Offenbar sind nun die genannten drei Arten von Geistesgaben nicht nur dem Grade, sondern auch dem Wesen nach untereinander verschieden. Es kann Jemand nämlich ein hohes Kirchenamt bekleiden ohne Wunderkraft oder Tugend zu besitzen. Ein Anderer kann sich durch Tugend auszeichnen, ohne die Gabe der Sprachen oder der Weissagung erhalten zu haben oder auch zu einem Kirchenamte zugelassen zu werden. Die Frauen wären sonst übel daran, da die hl. Schrift und die Kirche sie grundsätzlich von allen kirchlichen Aemtern ausschließen. Alles dieses ist so wahr, daß der Apostel an den eben angeführten Stellen auf das Bestimmteste die mannigfaltige Gliederung des Leibes Christi, der Kirche, hervorhebt und dann auf das Nachdrücklichste betont, Christus selbst habe durch die verschiedene Austheilung der Gnadengaben diese verschiedenartige Gliederung seiner Kirche gesetzt. Wie kann man demnach aus der Ausgießung des hl. Geistes über die ganze Christenheit folgern, Gott gebe Allen dadurch die gleiche geistliche Gewalt?

Wo möglich noch schlimmer steht es mit der Berufung der Gegner

---

[1] Joh. 20, 22. 23.

[2] Röm. 12, 6—8. 1. Cor. 12, 11. 28. Eph. 4, 10. 11. Apostelgesch. 20, 28.

auf die wunderbaren Gnadengaben der erſten Kirche und auf die hiedurch gewirkte Befähigung zum Lehren. Denn will man aus jenen außerordentlichen Zuſtänden der Urkirche eine allgemeine Regel und Norm
des ordentlichen Gottesdienſtes abnehmen, ſo fällt man nothwendig in
den Fanatismus der Wiedertäufer und Quäker; man ſollte dann kein
kirchliches Amt beſtellen, ſondern mit jenen Sectirern ſich ruhig bei der
Verſammlung hinſetzen und ſo lange ſeufzen, bis der hl. Geiſt Jemanden
zum Predigen erwecke. Verwirft man aber dieſes, geſteht man vollends
ein, nicht mehr im Beſitze jener wunderbaren Gnadengaben zu ſein, ſo
kann man aus demſelben nicht im Geringſten zeigen, alle Chriſten hätten
gleiche geiſtliche Gewalt. Denn das Außerordentliche, das bei der Gründung der Kirche nothwendig war, kann nicht zum Maßſtab deſſen dienen,
was allen Chriſten zukommt, und ſicher beweiſen jene Wundergaben nichts
für diejenigen, welche dieſelbe gar nicht beſitzen [1].

---

[1] Es werden die Gegner vielleicht erwidern, ſie wollten die Gleichheit der geiſtlichen Gewalt nicht aus den beſagten Thatſachen folgern, ſondern nur zeigen, das
katholiſche Dogma von der ausſchließlichen Lehrgewalt des Klerus ſei falſch.

Auch dieſe Ausrede hilft nichts. Sie beruht auf einer falſchen Vorausſetzung,
die ſich durch eine einfache Unterſcheidung heben läßt. Etwas Anderes iſt es, einen
Vortrag über religiöſe Gegenſtände zu halten und hierüber zur Belehrung und Erbauung Anderer zu ſprechen; etwas Anderes, eine Lehrgewalt zu beſitzen im katho-
liſchen Sinne des Wortes, d. h. eine Autorität, welche den Untergebenen befehlen
kann, beſtimmte Lehren zu glauben und die entgegengeſetzte zu verwerfen. Beide
Dinge ſind himmelweit von einander verſchieden.

Von den gottbegeiſterten Vorträgen der Laien in der Urkirche unterſcheidet ſich
ganz und gar die apoſtoliſche Lehrgewalt, kraft welcher der hl. Paulus ſprechen
konnte: „Wenn ein Engel vom Himmel Euch ein anderes Evangelium verkündigte,
als wir Euch verkündigt haben, der ſei verflucht." Nur dieſe letztere apoſtoliſche
Lehrgewalt iſt nach dem Dogma der Kirche ausſchließlich im Beſitze des Klerus,
während ſie Laien in mannigfacher Beziehung geſtattet, in Religionsſachen Vorträge
oder Unterricht zu halten. Wir erinnern Beiſpiels halber an die Katecheſen der
Schullehrer, an die Unterweiſungen und die gottesdienſtlichen Verrichtungen der Ka-
techeten und Gemeinde-Vorſteher aus dem Laienſtande, wie ſolche eben in Miſſionen
bei Gründung neuer Kirchen und dem Mangel der Prieſter häufig müſſen aufgeſtellt
werden. Wünſcht die Kirche ja auch ſehnlichſt, daß Familienväter und Mütter ihre
Angehörigen in den Elementen der chriſtlichen Religion unterrichten! Wenn nun die
Kirche ſolche Unterweiſungen zur Erbauung und Belehrung geſtattet, wie darf man dann
gegen ihr Dogma ſich auf jene Vorgänge in der Urkirche berufen! Wahrlich, nie hätte
man aus denſelben ſo großes Aufheben gemacht, wenn man ſich die Zuſtände unter den
erſten Chriſten etwas mehr veranſchaulicht hätte. Die Gründung der Kirche erheiſchte
durchaus ein deutliches unmittelbares Eingreifen Gottes, darum ſollte die Ausgießung des hl. Geiſtes über die ganze Kirche durch eine reiche Mittheilung ſeiner
Wundergaben an Vorſteher und Laien offenbar werden. Auch war die Zahl der

73. Doch es wird Zeit, zu der letzten Schwierigkeit zu kommen, welche die Gegner mit dem oben berührten Einwande gegen die katholische Anschauung vorbringen. Der Mensch, sagen sie, vermag durch den hl. Geist zur Vereinigung mit Gott zu gelangen, bei den Katholiken

Gläubigen damals noch gering; die ersten christlichen Hauskirchen glichen mehr einer Familie, als einer Pfarrgemeinde der Gegenwart. Da begreift man, daß religiöse Vorträge von Laien leichter ohne Störung des Gottesdienstes geschehen konnten. Sie wurden überdieß von solchen gehalten, die in wunderbarer Weise dazu vom hl. Geiste befähigt waren; sie geschahen ohne Anmaßung einer Lehrgewalt, hatten nur einen privaten Charakter und noch walteten überall die Apostel mit der ihnen übertragenen Machtfülle, um allen Ausschreitungen sogleich vorzubeugen. Was läßt sich also aus jenen außerordentlichen Anfängen der christlichen Kirche, die später nie wiederkehrten, gegen das Dogma von der dem Klerus eigenen geistlichen Gewalt abnehmen? Nichts. Zur Bestätigung des Gesagten beachte noch diese von der Geschichte verbürgte Thatsache. Zu den Zeiten des hl. Irenäus waren die wunderbaren Gnadengaben des hl. Geistes noch häufig, und dennoch bestand schon damals, selbst nach dem Geständniß der Gegner, das bischöfliche Amt mit der ihm eigenen Lehrgewalt.

„Aber jene gotterfüllten Laien der ersten Kirche,“ sagt man weiter, „haben nicht nur religiöse Vorträge gehalten, sie haben auch die Weihe zu Kirchenämtern ertheilt. Sonderten nicht die Propheten der Antiochenischen Gemeinde kraft eines Auftrages vom hl. Geist (Apostelgesch. 13, 1.) Paulus und Barnabas durch Händeauflegen zu ihrem apostolischen Berufe aus?“

Auf diese Weise fahren die Gegner mit ihren Einwürfen fort; denn bei Nichts verweilen sie lieber, als bei dem Walten des Geistes in der Urkirche. In der That kann man auch dasselbe, eben weil es uns so ferne liegt und ganz wunderbar ist, herrlich mit der Einbildungskraft ausmalen und es dann bei der großen Masse der Laien recht gut zur Leugnung der sichersten geschichtlichen Thatsachen verwerthen. Doch derartiges wird nichts bei dem verschlagen, der nur etwas schärfer zuschaut und dadurch das nebelhafte Gebilde auflöst.

Nur dann könnte man nämlich aus jener Händeauflegung etwas gegen die katholische Lehre folgern, wenn man zuerst unwiderleglich zeigte, daß dieselbe eine Weihe im eigentlichen Sinne des Wortes und nicht eine andere Händeauflegung war. Aber ein solcher unumstößlicher Beweis wird schwerlich gelingen; nichts war in der alten Kirche gewöhnlicher, als Händeauflegung beim Gebete. Sodann müßten die Gegner darthun, daß unter jenen Propheten und Lehrern der Antiochenischen Gemeinde Keiner mit der bischöflichen Würde geschmückt war. Den Beweis werden sie ebenfalls schuldig bleiben. Es ist ganz unwahrscheinlich, daß in der größten Stadt, in der damals das Christenthum verbreitet war, Niemand einer solchen Würde theilhaftig gewesen sei. Endlich müßten sie zeigen, daß nach katholischer Lehre Gott bei der Gründung der Kirche Niemand unmittelbar die Weihegewalt ertheilen konnte, denn wir haben es hier mit einer unmittelbaren göttlichen Bevollmächtigung, mit einem vom hl. Geiste selbst gegebenen Auftrage zu thun. Alle drei Punkte wären zu beweisen, wollte man mit jener Thatsache die katholische Lehre angreifen. Aber weit entfernt, daß man dazu im Stande wäre, kann man nicht einmal einen einzigen als sicher und unumstößlich hinstellen.

seße sich im Klerus ein Mittlerstand zwischen Gott und seine Gemeinde, zwischen Christus und die Christenheit.

Hierauf läßt sich leicht antworten; man braucht nur eine richtige Vorstellung von der katholischen Wahrheit, von dem aus dem Priester= thum Christi fließenden und mit demselben auf das Innigste verbundenen Mittleramte des Klerus zu haben, und alle Schwierigkeit ist gehoben. Ist es denn wahr, daß der katholische Klerus sich zwischen Gott und die Gläubigen seße, beide an einem unmittelbaren Verkehr hindere, der Vereinigung Gottes mit dem Menschen kraft des hl. Geistes im Wege stehe? Weit gefehlt, das Gegentheil findet Statt.

Allerdings läßt sich Gott zum Menschen herab, um sich durch seine Gnade mit ihm zu vereinigen; aber der Mensch soll sich dabei nicht wie ein Kloß verhalten, sondern wie ein vernünftiges freies Wesen; er soll auch thätig sein, er soll mit der Gnade wirken. Doch gerade diese Thätigkeit fällt ihm schwer. Er ist kein Seraph, der nur zu wollen braucht, um sich in das Meer göttlicher Anschauung und Liebe zu ver= senken. Ach nein, er fühlt sich durch die sündige Lust abgewandt, durch die Schuld getrennt von seinem Gott; die schwerfällige Masse seines Fleisches zieht ihn zur Erde hinab, und die zahllosen Zerstreuungen und Sorgen des Lebens hindern ihn fort und fort am Verkehre mit seinem Schöpfer. Deßhalb sind so zu sagen alle Hebel anzuwenden, um den Menschen auch seinerseits zu einer thätigen Vereinigung mit Gott zu bewegen. Darf man nun der katholischen Kirche ein Verbrechen daraus machen, daß sie die klaren Worte Christi in Betreff des Kirchenregimentes in ihrem natürlichen Sinne verstanden, zumal da dieser ganz den An= forderungen der menschlichen Natur entspricht, daß sie demgemäß einen eigenen Stand, den Klerus, besißt, der alle seine Kräfte aufbieten soll, um den Menschen zum Verkehre, zur Vereinigung mit Gott zu bewegen?

Der Mensch vereinigt sich mit Gott durch geistige Acte, durch Er= kenntniß und Liebe. Natürlich muß das eine Erkenntniß der reinen gött= lichen Wahrheit, des lautern Wortes Gottes sein, nicht des menschlichen Irrthums. Es ist nun nichts, platterdings nichts, was die im Worte Gottes enthaltene Wahrheit so verstümmelt und entstellt, als die mensch= liche Willkür, die dasselbe nach eignem Gutdünken auslegt. Die Geschichte läßt uns darüber nicht im Zweifel. Es liegt das auch in der Natur der Sache. Nichts bleibt von einem Geseße stehen, das der Willkür der Untergebenen preisgegeben ist. Es ist dieses so klar, daß es in allen Staaten der Welt neben dem Geseße eine lebendige Obrigkeit gibt, die dasselbe ganz und unversehrt gegen die Willkür der Einzelnen aufrecht halten soll, und man macht der katholischen Kirche einen Vorwurf, daß sie in ihrem Klerus eine Obrigkeit besitzt, welche den Beruf hat, das Gesetz des Glaubens, das Wort Gottes unversehrt gegen die Willkür der Einzelnen aufrecht zu halten? Nur auf diese Weise kann ja das Wort Gottes gegen seinen gefährlichsten Feind geschützt, rein und lauter uns überliefert werden, wie es vor 1800 Jahren dem göttlichen Born entquollen ist.

74. Aber die Erkenntniß des Verstandes genügt für sich allein noch nicht; auch der Wille, das Herz muß thätig sein, und doch hat dieses gerade so häufig sich durch die Sünde von Gott abgewandt. Da soll dann der Klerus die mächtigsten Beweggründe in liebreicher Ansprache oder in erschütternder Rede zusammenfassen, um den Sünder von seinen bösen Wegen zu bekehren, er soll ferner durch die Lossprechung die schwere Schuld von dessen Herzen nehmen. Ist auf solche Weise das Herz gelöst von dem, was es darniedergedrückt, so mag es wiederum freudiger Gott mit dem süßen Namen anrufen: Abba, Vater. Also auch durch diese Thätigkeit steht der katholische Klerus nicht dem Verkehre der Seele mit ihrem Gotte entgegen. Gehen wir darum in Betrachtung der geistlichen Amtsthätigkeit weiter.

Das Gebet ist die Erhebung des Herzens zu Gott; es kann ohne die Gnade des hl. Geistes nicht in rechter Weise geschehen, aber auch wir sind dabei thätig. Hält uns nun der Klerus vom Beten ab? Fragen wir lieber, was auf der ganzen Welt dringt mehr auf das Gebet, als die katholische Kirche durch ihren Klerus? Sie ermuntert nicht nur zur Anrufung der Heiligen, sie will auch durchaus, daß wir uns unmittelbar durch Gebet an den himmlischen Vater und unsern Heiland wenden, daß unser Tagwerk mit Gebet angefangen, geheiligt, geschlossen werde. Tagtäglich erschallen die Glocken von den hohen Thürmen, um uns zum Gotteshaus einzuladen, und in demselben sucht der Klerus die Pracht des herrlichsten Cultes zu entfalten, Alles, was die Kunst vermag, aufzubieten, damit der Mensch für einige Zeit dem Treiben des gewöhnlichen Lebens entrückt, leichter sein Herz nach oben, zu Gott und zu himmlischen Dingen, erhebe. Nach katholischer Lehre ruft dann der Priester bei dem geheimnißvollen Opfer den Sohn Gottes auf den Altar herab, und das Volk wird durch ein strenges Gebot zur Anhörung der Messe verpflichtet, um auf diese Weise unmittelbar mit Gott, seinem Herrn, zu verkehren, ihn anzubeten, zu loben und ihm seine Nöthen vorzustellen. Noch inniger ist nach katholischer Lehre die Vereinigung des Menschen mit Gott bei der hl. Communion, und wiederum ist es der Klerus, der in Kraft des hl. Geistes durch Consecration und Spendung des Sacramentes dem Menschen dazu verhilft, der auf alle mögliche Weise den Menschen zu dieser Vereinigung mit seinem Gott zu ermuntern sucht, der selbst durch Androhung der schwersten kirchlichen und ewigen Strafen, ja auch mit Aufopferung seines Lebens zu Zeiten der Pest und Cholera das zu bewirken trachtet.

Die Vereinigung des Menschen mit Gott durch den hl. Geist und der katholische Klerus stehen sich also nicht im Wege, im Gegentheil, es ist der Beruf des Klerus, den Menschen zu dieser Vereinigung zu führen, wofür er Alles, was er hat, sein Familienglück, seine Thätigkeit, selbst sein Leben, sofern es Noth thut, aufopfern soll. Wie kann man also aus jener Vereinigung des Menschen mit Gott etwas gegen die geistliche Gewalt des Klerus folgern?

75. Es verhält sich demnach mit diesem Grunde gerade so, wie mit dem andern; sieht man schärfer zu, so geben sie nicht den geringsten Beweis gegen die Rechtmäßigkeit der geistlichen Gewalt, in deren unvordenklichem Besitze sich der Klerus befindet. Wenn aber dieses, mit welchem Rechte hat man denn in dem großen Gerichte, das in der neuern Zeit über den Klerus ergangen ist, denselben aus seinem Besitze zu treiben gesucht? Wir legen zur besseren Würdigung dieses Verfahrens folgenden Fall zur Entscheidung vor: Gesetzt, Jemand wäre seit langer Zeit in ruhigem Besitze eines Hauses, ein Anderer forderte ihn deshalb vor Gericht und brächte ähnliche Gründe vor, wie die von den Gegnern gegen die Gewalt des Klerus angeführten sind, Gründe, die noch dazu auf einer bis dahin allgemein verworfenen Auslegung des Gesetzes beruhen: wo würde ein Richter auf solche Gründe hin den Verklagten aus seinem ruhigen Besitze vertreiben? Warum will man also ein Gleiches gegen den Klerus thun? Es handelt sich ja hierbei nicht bloß um ein kleines irdisches Gut, sondern um das ewige Wohl oder Wehe der Menschheit; nicht um den Besitz, der eine kurze Zeit gewährt, sondern um einen Besitz, der selbst nach dem Eingeständnisse der Gegner in den ersten christlichen Jahrhunderten begonnen, dessen Ursprung ein unerklärliches Räthsel wäre, falls er unrechtmäßig angefangen. Wahrlich um Jemanden auf solche Gefahr hin aus einem solchen Besitze zu verdrängen, dazu könnten nur die zwingendsten Gründe antreiben, nur Gründe, die so klar wären, wie das Sonnenlicht, so gewiß und unwiderleglich, daß sie keine andere Auslegung zuließen. Wir fragen aber zuversichtlich die

5 *

Leser, selbst diejenigen, denen ihr Glaube bisher eine andere Meinung eingeflößt: sind die aus der Schrift gegen den Klerus beigebrachten Gründe wirklich so beschaffen? Keineswegs.

Auf diese Weise müßten wir urtheilen, selbst wenn man für die Rechtmäßigkeit der geistlichen Gewalt, in deren unvordenklichem Besitze sich der Klerus befindet, keine Gründe aus dem Worte Gottes bringen könnte; wir haben aber das Gegentheil beim Beginn unserer Abhandlung gesehen.

Diese Wahrheit, daß der Klerus im ausschließlichen Besitz der von Christus seiner Kirche hinterlassenen geistlichen Gewalt ist, bildet nun das Fundament der folgenden Frage, die zu den schwierigsten des Kirchenrechts gehört. Da aber, wie wir gesehen, das Fundament recht solid ist, können wir mit frischem Muthe auch diese zu lösen beginnen.

III. Die Immunität des Klerus.

76. Im Syllabus sind drei Propositionen, welche dieselbe betreffen. Die erste, welche der peruanische Priester Franz Vigil aufstellte, lautet:

30. Die Immunität der Kirche und der kirchlichen Personen hatte ihren Ursprung im bürgerlichen Recht.

Durch die Verwerfung der beiden folgenden Thesen wollte die Kirche einzelne Arten der Immunität gegen das rücksichtslose Verfahren liberaler, kirchenfeindlicher Regierungen schützen. Diese Sätze lauten:

31. Das geistliche Gericht für die zeitlichen Rechtssachen der Geistlichen, sei es in Civil- oder Criminalfällen, ist gänzlich abzuschaffen, auch ohne vorgängiges Befragen und trotz des Einspruches des hl. Stuhles.

32. Ohne alle Verletzung des natürlichen Rechtes und der Billigkeit kann man die persönliche Immunität, kraft welcher die Geistlichen von der Last, zum Kriegsdienste herangezogen und verwendet zu werden, befreit werden, abschaffen; diese Abschaffung aber heischt der politische Fortschritt, besonders in einem mit freierer Verfassung ausgerüsteten Gemeinwesen.

77. Die erste These ist Grundlage der beiden übrigen, darum fordert sie eine besondere Erörterung. Was versteht Vigil unter Immunität, und was will er mit der Behauptung, dieselbe rühre von bürgerlichen Gesetzen her? Er sagt ausdrücklich, daß er unter Immunität nicht die Unabhängigkeit der Kirche und der kirchlichen Personen in rein geistlichen Dingen verstehe [1]; er meint vor Allem den besondern Gerichtsstand des

---

[1] Defensa de la autoridad de los Gobiernos y de los obispos contra las pretensiones de la Curia Romana. Disert. 8. p. 33.

Klerus in bürgerlichen Dingen und die Steuerfreiheit des Kirchengutes und der Geistlichen. Wenn er aber behauptet, die Immunität habe ihren Ursprung in bürgerlichen Gesetzen, so will er damit leugnen, daß sie göttlichen Rechtes sei; und obwohl Päpste und allgemeine Concilien das Letztere auf das Bestimmteste behaupten und den Verletzer der kirchlichen Rechte mit dem Bann bedrohen, steigert er seine Verwegenheit bis zu den Worten: Die Anerkennung der Immunität sei „eine Erniedrigung (bajeza), welche die Fürsten gegenüber den Päpsten begangen"; „diejenigen, welche die Völker regieren, hätten durch die Handlungen der Schwäche, welche Einige begangen, nicht das Geringste von ihrer Gewalt eingebüßt, den besondern Gerichtsstand und die kirchliche Immunität aufzuheben" [1].

78. Nach dem Gesagten müssen wir zur Widerlegung Vigil's und der von ihm aufgestellten 30. These beweisen, daß die Immunität göttlichen Rechtes ist; denn das gerade leugnet Vigil mit seiner These, und gerade darum ist dieselbe von Pius IX. verworfen. Zum Beweise diene das Breve Multiplices, worauf in der 30. These des Syllabus verwiesen wird; dort rügt der Papst, daß Vigil von der kirchlichen Immunität, welche durch Gottes Anordnung und die kanonischen Bestimmungen festgesetzt sei, behaupte, sie rühre von bürgerlichen Gesetzen her. In der That, ist die Immunität göttlichen Rechtes, so ist ihre Gewährung durch die bürgerlichen Gesetze nur eine Anerkennung des von Gott gewollten und dadurch geschaffenen Rechts, nicht aber die selbsteigene Verleihung eines Privilegiums, und mithin verdankt in diesem Falle die Immunität nicht den weltlichen Gesetzen, sondern der göttlichen Anordnung ihren Ursprung.

Wir wollen jedoch nicht behaupten, die Kirche habe bestimmt, daß alle und jede Privilegien, die man wohl unter Immunität begreift, göttlichen Rechtes seien. Es ist nicht ungewöhnlich, daß eine göttliche Anordnung auf verwandte Dinge wegen Aehnlichkeit der Gründe ausgedehnt wird, und wirklich haben tüchtige Canonisten behauptet, daß das Asylrecht, die Steuerfreiheit des Patrimonial-Vermögens der Geistlichen nicht im strengen Sinne göttlichen Rechtes seien, obwohl solche Vorrechte sich aus natürlichen Billigkeitsgründen vertheidigen ließen, und auch früher durch die Zeitverhältnisse gefordert worden seien. Eine andere Controverse herrschte unter Theologen und Canonisten darüber, ob die Immu-

---

[1] L. c. p. 59. 168. disert. 9. p. 40.

nität unmittelbar oder mittelbar auf göttlicher Anordnung beruhe. Es kann nämlich etwas ausdrücklich von Gott bestimmt sein, das ist unmittelbar göttlichen Rechtes. Anderem kommt diese Eigenschaft nur mittelbar zu, weil es nämlich nicht ausdrücklich von Gott angeordnet ist, wohl aber sich mit Nothwendigkeit aus den unmittelbaren Anordnungen Gottes ergibt und entwickelt. Auch das ist göttlichen Rechtes; denn ohne Zweifel hat Gott die natürlichen Folgen seiner Bestimmungen vorausgesehen und gewollt. Es sind nun angesehene Theologen und Canonisten, die da behaupten, die Immunität sei nur mittelbar göttlichen Rechtes. Die Kirche hat diese Ansicht, so wie die zuvor angeführte Meinung nicht verworfen. Wir sehen uns deshalb auch nicht berufen, diese Controverse zu schlichten; wir wollen eben nur die kirchliche Anschauung und Lehre gegen Vigil durch Widerlegung der von ihm aufgestellten These vertheidigen. Dieser Aufgabe genügen wir durch den Nachweis, daß der besondere Gerichtsstand der Geistlichen, ihre persönliche Befreiung von öffentlichen Lasten, insbesondere vom Militärdienste, und die Steuerfreiheit des Kirchengutes mittelbar göttlichen Rechtes sei.

79. Bevor wir aber diesen Nachweis liefern, müssen nothwendiger Weise einige Bemerkungen vorausgeschickt werden. Denn fast nirgendwo bestehen so große Vorurtheile, als bei unserm Gegenstande. Sie müssen zuvor zerstreut werden, weil sie die Beistimmung zu den triftigsten Gründen hindern würden. Unter dem besonderen Gerichtsstande verstehen wir nicht die Straflosigkeit des Klerus. Es scheint das freilich selbstverständlich, aber dergleichen Unterstellungen, als ob die Geistlichkeit der Strenge der weltlichen Gerichte zu entgehen suchte, gehören zur Taktik der Gegner, die Alles aufbieten, um jedes Vorrecht des Klerus recht gehässig zu machen. Was ferner die Steuerfreiheit betrifft, so muß bemerkt werden, mit welcher Mäßigung die Kirche sie für sich und ihren Klerus in Anspruch genommen hat. Sie erklärte sich gerne bereit zu Beisteuern, wenn die Bedürfnisse des Staats solche erheischten; ja die außerordentlichen Gaben, zu denen sich die Kirche verstand, waren so groß, daß sie häufig die reichlichste Einnahmsquelle der Fürsten bildete. Bekannt ist das Wort, welches Karl V. von Heinrich VIII. sagte, dieser habe durch Einziehung des Kirchengutes eine Henne geschlachtet, die den Fürsten goldene Eier lege. Auch die folgende Bemerkung eines der angesehensten deutschen Canonisten [1] ist hier in Betracht zu ziehen, die Be-

---

[1] Phillips, Lehrbuch des Kirchenrechts.

dürfniſſe des Staates ſeien zu einer im Mittelalter nie geahnten Höhe
geſtiegen, ſo daß die Vorausſetzung der Kirche hinſichtlich der Herbei=
ziehung des Kirchengutes zur Beſteuerung zu einer gewiſſermaßen ſtets
vorhandenen gemacht worden ſei. Nun zur Sache.

80. Zweifellos war es im Mittelalter die Ueberzeugung der Kirche,
daß ihre Immunität göttlichen Rechtes ſei, und die Verwerfung der 30.
Theſe des Syllabus, ſowie die Annahme dieſes Aktenſtücks zeigen, daß
dieſe Ueberzeugung noch gegenwärtig fortdauert. Dieſelbe wurde nicht
nur allgemein [1] von Theologen und Canoniſten behauptet, ſie fand auch
ihre Ausſprache in dem Geſetzbuch der Kirche, in den Worten der Päpſte
und allgemeinen Concilien. Der Papſt Gelaſius (nach Andern Pelagius)
ſagt von Klerikern, deren Sache (Freilaſſung aus dem Sklavenſtand)
durch einen Archidiacon an den weltlichen Richter gewieſen war, „gegen
göttliche und bürgerliche Geſetze werde den Beſchuldigten ihr Gerichts=
ſtand genommen" („contra divinas et publicas leges pulsatis forum
suum auferri." c. 13. Silvester C. XI. q. 1.). Ebenſo beſtimmte Jo=
hann VIII. († 882): „Der allmächtige Gott wollte, daß die Geiſt=
lichen und Prieſter der chriſtlichen Religion nicht von den weltlichen
Gewalten, ſondern von den Biſchöfen und Prieſtern gerichtet würden".
(c. 11. si imperator. dist. 96.) Den Erpreſſungen Philipp's des
Schönen gegenüber behauptete Bonifacius VIII., die Steuerfreiheit der
Kirchen und kirchlichen Perſonen ſei nicht nur menſchlichen, ſondern auch
göttlichen Rechtes. Gerade ſo ſprechen die allgemeinen Concilien.
Das V. Lateranenſiſche (1512) erneuerte die Geſetze zum Schutze der
Immunität und berief ſich für dieſelbe auf „göttliches und menſchliches
Recht". Das Concil von Trient beſtätigte in gleicher Weiſe jene Geſetze
und erklärte, „die Immunität der Kirche und der kirchlichen Perſonen ſei
durch Gottes Anordnung und die canoniſchen Beſtimmungen feſtge=
ſetzt" (Ecclesiae et personarum ecclesiasticarum immunitatem Dei
ordinatione et Canonicis sanctionibus constitutam. sess. 25. c. 20.
de reform. Cf. c. 4. in VI. de censibus. Conc. Later. sess. 9.).

Doch genug; denn aus den angeführten Texten des canoniſchen
Rechtes, der Päpſte und der allgemeinen Concilien geht hinlänglich die

---

[1] Eine ſolche Allgemeinheit wird nicht durch einzelne Ausnahmen aufgehoben.
Auch bekämpfen die gegen den göttlichen Urſprung der kirchlichen Immunität ange=
führten Canoniſten gewöhnlich nur die unmittelbare Anordnung dieſes Rechtes durch
Gott, ſind alſo durchaus nicht gegen uns.

Ueberzeugung der Kirche von dem göttlichen Ursprung der Immunität hervor: ein Resultat, das durch die Uebereinstimmung so vieler Theologen und Canonisten bestätigt wird. Eine solche beharrliche Ueberzeugung der unfehlbaren Kirche aber muß für den Katholiken unverbrüchliches Gesetz sein, und deßhalb ist es sicher verwegen (temerarium), die genannte Ansicht zu leugnen.

81. Mit diesem von der Autorität der unfehlbaren Kirche hergenommenen Nachweise wollen wir uns indeß nicht begnügen. Wie anderswo, werden wir auch hier trachten, die Lehre der Kirche zu rechtfertigen. Nach den Vorbemerkungen reicht es zu diesem Zwecke hin zu zeigen, daß die kirchliche Immunität sich mit Nothwendigkeit aus dem von Gott Angeordneten ergebe und entwickele. Dieses ihr Fundament ist nun die von Gott selbst begründete Erhabenheit und Gewalt der Kirche und der kirchlichen Personen. Wird diese nämlich, wie Gott durchaus will, nicht nur von den Einzelnen, sondern von ganzen Völkern lebendig erfaßt, so werden mit Nothwendigkeit die in Rede stehenden Vorrechte sich entwickeln; ihre Verweigerung würde jener durch Gott gesetzten Erhabenheit und Gewalt widersprechen.

In der That, was ist die Kirche nach Gottes Anordnung? Sie ist der Leib Christi, vom hl. Geiste beseelt, auf diese Weise fähig, die gottmenschliche Thätigkeit ihres Hauptes zur Erlösung und Beseligung der Menschen bis zum Ende der Zeit festzusetzen. Sie ist das Weib mit der Sonne bekleidet (Offenb. 12, 1.), mit der Sonne, die fort und fort Ströme von Licht und Wärme, Segen und Fruchtbarkeit in die Welt ergießt. Sie ist die unbefleckte Braut Gottes, die er mit seinem eigenen Blute sich gebildet, die liebende Mutter der Gläubigen, welche sie mit Bewahrung ihrer Jungfräulichkeit dem göttlichen Bräutigam durch die Taufe wiedergeboren hat, deren Leben sie sorgsam nährt und schützt von der zarten Kindheit an bis zum Grabe, denen sie ewige, unermeßliche Herrlichkeit verschafft. Und doch hätte Gott gewollt, daß die gläubigen Völker ihrer Mutter, die mit solchen Vorzügen von ihm gezieret, von der sie neues geistiges Leben, die frohe Zuversicht einer unendlichen Seligkeit erhalten, einer solchen Mutter, sage ich, die Vorrechte verweigern sollten, welche die Heiden ihren falschen Religionen bereitwillig gaben? Nein, das ist undenkbar. Daß die Gegner der Kirche, welche gerade jene Erhabenheit leugnen, folgerichtig auch die auf dieselbe sich gründenden Vorrechte der Kirche absprechen, läßt sich begreifen; aber unbegreiflich ist, wie Katholiken, welche an jene von Gott der Kirche verliehenen

Vorzüge glauben, dennoch der Kirche keinerlei Vorrecht vor der gemeinsten Winkelsecte geben wollen: sie können nicht glauben oder wenigstens ihr Glaube ist nicht lebendig.

82. Doch bleiben wir nicht beim Allgemeinen stehen; gehen wir zum Einzelnen über, mit dem besondern Gerichtsstande des Klerus beginnend. Er gründet sich auf die Erhabenheit der von Gott der Kirche übergebenen geistlichen Gewalt, deren ausschließlicher Träger, wie wir gesehen, der Klerus ist. Um nun ein Maß zur Schätzung dieser geistlichen Gewalt zu erlangen, wollen wir sie betrachten, wie sie im Priester ist. Denn einestheils besteht der Klerus im großen Ganzen aus Priestern, die somit einen Maßstab zur Beurtheilung der geistlichen Würde abgeben können; anderntheils kommen hier die niedern Grade nur insofern in Betracht, als sie Vorstufen des Priesterthums sind, an seiner Gewalt theilnehmen oder dazu befähigen. Wenn wir aber die priesterliche Würde auseinander setzen, so möge uns Niemand der Anmaßung oder des Stolzes beschuldigen. Nichts ist verdemüthigender, nichts erdrückender für uns Priester, als das ungeheure Gewicht der uns auferlegten Gewalt und Verpflichtung, vor welcher, wie ein hl. Chrysostomus sagt, selbst die Himmelsmächte erzittern müßten.

83. Der Priester nimmt Theil an dem Mittleramte Jesu Christi. Als solcher ist er der Stellvertreter Gottes, um den Willen des Herrn den Gläubigen zu verkünden und dessen Gnaden ihnen zuzuwenden; als solcher ist er aber auch der Repräsentant des Volkes, um dessen Anliegen und Wünsche durch inbrünstiges Gebet Gott vorzustellen und alle seine Nöthen auf sich zu nehmen. Darum nimmt denn auch das Volk mit dem größten Vertrauen seine Zuflucht zum Priester; ihm wagt es das ganze Herz auszuschütten; Alles, was es beengt und drückt, die geheimsten Falten des Innern legt es ihm in der Beichte vor; was es keinem Menschen zu gestehen wagt, nicht dem Freunde und Bruder, nicht dem Vater, nicht der Mutter, das klagt es zuversichtlich dem Priester; ihm vertraut es das Kostbarste, was es hat, das ewige Heil seiner Seele an.

84. Und wie sollten nicht auch die Gläubigen dieses thun? Hat nicht Gott dem Priester ein gleiches Vertrauen geschenkt? hat er nicht die wunderbarsten Vollmachten, sogar die Gewalt über sein eigenes Fleisch dem Priester gegeben? Hat er nicht das Heil der Seelen in seine Hände gelegt? Unbegreifliches Geheimniß der göttlichen Vorsehung! Ein heiliger Priester bekehrt, bewahrt vor Sünden, rettet zahllose Seelen, ein minder guter eine geringere Anzahl derselben, ein schlechter Priester reißt durch

das Aergerniß Viele mit sich in's Verderben. Wie war es doch möglich, daß Gott in dieser Weise das Heil der Seelen vom Priester abhängig machte! und doch ist es so, weil er den Priester Theil nehmen ließ am Mittleramte seines eingebornen Sohnes. Als solcher ist der Priester der Engel des Herrn der Heerschaaren (Malach. 2, 7). Aus seinem Munde sollen die Gläubigen das Gesetz Gottes vernehmen; er verkündet die göttlichen Gebote, die Geheimnisse des Glaubens, welche, wie Paulus sagt, „von Ewigkeit her in Gott verborgen gewesen, so daß den Herrschaften und Mächten des Himmels die mannigfaltige Weisheit Gottes durch die Kirche kund wurde".

Der Priester hat die wunderbare Gewalt, durch sein Wort Brod und Wein in das Fleisch und Blut Christi zu wandeln; sein Wort ist das Opferschwert, das in unblutiger Weise das Lamm des neuen Bundes opfert. „Ehrwürdige Gewalt der Priester," ruft Augustinus aus, „in deren Händen gewissermaßen Gott Fleisch wird"! Nichts Aehnliches finden wir in der ganzen Schöpfung. Gott in den Händen des Priesters durch des Priesters Wort!

85. Der Priester hat ferner die Gewalt, von Sünden loszusprechen, die Schuld vom Menschen zu nehmen, also den geistig Todten zum Leben zu erwecken und ihm den Himmel zu öffnen. „Wer kann Sünden vergeben, als Gott allein"? sagten einst die Pharisäer, als sie aus dem Munde Christi, dessen Gottheit sie nicht kannten, die Worte der Sündenvergebung hörten. In der That, die Verzeihung der Sünden ist eine wahrhaft göttliche Macht, nur Gott steht sie zu und dem Priester, dem er sie in unbegreiflicher Huld mittheilen wollte. Wir sehen denn auch die Gläubigen die ganze Erhabenheit dieser Macht anerkennen; sogar der Kaiser liegt vor dem Priester auf den Knieen, um ihm seine Sünden zu beichten, die er gethan im Privatleben, in öffentlichen Angelegenheiten, im Kriege und im Frieden.

86. Der Priester ist Verwalter der Sacramente, dieser Gnadenquellen für die Menschen, und weil das Christenthum durch die Gnade das ganze Leben heiligen will, sehen wir auch den Priester enge verwachsen mit Allem, was es im menschlichen Leben Wichtiges gibt. Das neugeborne Kind nimmt er, um ihm durch die Taufe höheres übernatürliches Leben einzuhauchen, ohne welches das natürliche Leben nur zum ewigen Tode führt. In dieser Weise der geistliche Vater des Kindes geworden, steht er ihm während der ganzen Jugend als liebender Schutzengel zur Seite, um durch Rath und That seine Unschuld zu bewahren,

in seinem zarten Herzen die Tugenden zu wecken, durch den christlichen Unterricht seinen Geist mit himmlischen Kenntnissen zu bereichern, ihn zur rührendsten Handlung, der ersten Communion, vorzubereiten. Durch die Religion hält er kräftig den aufstrebenden Jüngling vom Laster zurück, und wenn derselbe sich dennoch darin verstrickt, zerreißt er diese unheilvollen Banden, stärkt seine Schwachheit, löst seine Zweifel und sucht ihn zu allem Edlen zu begeistern.

Bei dem Antritte des wichtigsten Standes steht wiederum der Priester dem Menschen zur Seite, durch die Segnungen der Religion heiligt er die Ehe, weiht er die Familie.

87. Ist er so der Vater und Freund aller Gläubigen, so doch in ganz besonderer Weise der Vater der Armen. Ihnen soll er vor Allem seine liebende Sorgfalt und Barmherzigkeit zuwenden, den Unglücklichen und Kranken, so viel in seinen Kräften steht, Trost und Hülfe spenden, das menschliche Elend in all seinen schrecklichen Gestalten mildern. Wenn dann die verhängnißvolle Stunde des Scheidens schlägt, der schreckliche Augenblick naht, von dem die Ewigkeit abhängt, wenn kein Mensch mehr helfen kann, der Arzt den Kranken aufgibt, die Verwandten ihm durch Geberden und Seufzer alle Hoffnung nehmen, die menschliche Natur in bangem Vorgefühl dessen, was ihr droht, in namenlose Angst versinkt — dann kommt der Priester und löst die Schrecken und reinigt das Gewissen und stärkt den Sterbenden mit dem Himmelsbrode auf dem für Menschen grauenvollsten aller Wege, auf dem dunklen Pfade in die Ewigkeit.

88. Wunderbar groß, über alles Irdische erhaben erscheint im Lichte des Glaubens die von Gott dem Priester gegebene Bestimmung, Gewalt und Würde. Dieser muß die Hochachtung der Mitchristen entsprechen. Wie der Glaube, stellt sich auch die durch den lebendigen Glauben durchaus geforderte größte Hochachtung für den Stand des Klerus als eine gleichfalls von Gott gewollte Anordnung dar. Wer dieses bedenkt, dem wird die Immunität nicht als Anmaßung einer bevorzugten Kaste, sondern als eine naturgemäße Folge erscheinen, die überall da eintritt, wo der Glaube lebendig ist und nicht bloß Einzelne, sondern die Massen mächtig ergriffen hat. Dann betrachtet das Volk die Priester als seine Väter, denen es die höchste Achtung schuldig ist. Nicht nur dieses. Solche Ueberzeugung bestimmt dann sein öffentliches und privates Leben. Wie ist nun aber einem Kinde zu Muthe, wenn es seinen Vater richten soll? Wie? wenn es von seiner Wahl abhängt, selbst den Vater zu

richten oder dieses Gericht einem Andern zu überlassen, was fordert in solchem Falle das Sittengesetz? Sicher auch ein minder zartes Gewissen, auch ein Mensch, der nur ein wenig Schicklichkeitsgefühl hätte, würde den Ausspruch thun: das Kind soll den Vater von Andern richten lassen. Ohne Bild gesprochen heißt dieses: das Volk soll nicht selbst über die Priester zu Gericht sitzen, sondern das dem Bischofe anheim geben. Der besondere Gerichtsstand ist mithin eine nothwendige Folge der von Gott gewollten Gewalt des Klerus und Achtung vor dem Priesterthum.

89. Aehnliche Gründe erheischen die Befreiung der kirchlichen Personen von den öffentlichen Lasten und die Steuerfreiheit des Kirchengutes. Diese Personen und Güter hatten von Gott eine so hohe, über alles Irdische erhabene Bestimmung und Weihe bekommen, daß dem gläubigen Volke die Forderung als durchaus begründet erscheinen mußte, sie so wenig als möglich zu irdischen Zwecken heranzuziehen. Auch erheischt gerade in Ansehung jener Bestimmung die natürliche Gerechtigkeit ganz dasselbe. Alle Glieder des Staates sollen freilich zum öffentlichen Wohle mitwirken, aber die natürliche Gerechtigkeit verlangt eine gleichmäßige Vertheilung der zum gemeinen Besten auferlegten Lasten und Verpflichtungen. Das leugnen nun die Gegner nicht. Die Gleichheitslehre ist ja gerade ihr Steckenpferd; sie ist es auch, welche sie am meisten gegen die Vorrechte des Klerus handhaben. Aber mit Unrecht. Denn eine doppelte Belastung ist sicher gegen jene gleichmäßige Vertheilung. Da nun aber kraft göttlicher Anordnung die kirchlichen Personen und Güter bereits zum Dienste der Religion und der Menschen, insbesondere der Armen und Leidenden, bestimmt sind, so wäre eine Auflage der gewöhnlichen öffentlichen Verpflichtungen für das Gemeinwohl sicher eine doppelte Belastung und somit ein Verstoß gegen die natürliche Gerechtigkeit.

Die zwingende Kraft dieses Grundes ist so groß, daß selbst die liberalen Regierungen ihr nicht ganz zu widerstehen vermochten. Wir werden später, wenn wir über die Conscription sprechen, darüber Mehreres beibringen; hier genüge die Eine Thatsache: Der New-Yorker Magistrat gab den Jesuiten in Ansehung der Dienste, welche sie der Stadt, dem öffentlichen Wohle durch Unterricht, Krankenpflege und Militärseelsorge geleistet hatten, mehrere Vergünstigungen. Das erregte natürlich schrecklichen Lärm, doch der Magistrat beharrte bei seinem Entscheid.

90. Nichts ist auch bei den Heiden gewöhnlicher gewesen, als daß sie ähnliche Vorrechte, wie in der kirchlichen Immunität enthalten sind, ihren Tempeln und Tempelgütern, Priestern und Priestercollegien ver-

ließen. Wenn nun schon der schwache Rest von natürlicher Religion, der in ihnen geblieben, sie antrieb, in dieser Weise ihre Achtung vor der Religion an den Tag zu legen, sollte minder wirksam, weniger mächtig der Glaube sein, den die Gnade den christlichen Völkern eingeflößt? Mit Recht tadelt darum Innocenz III. die Verletzer der kirchlichen Immunität, „daß unter ihnen das Priesterthum in eine schlimmere Lage gekommen sei, als es unter Pharao der Fall gewesen, welcher doch sich keiner Kenntniß des göttlichen Gesetzes erfreut habe.“

Die Gegner lassen nun freilich diese Beweisführung nicht zu. Denn eben die Thatsache, daß die heidnischen Völker ihren Tempeln und Priestern Vorrechte gegeben, gibt ihnen Anlaß, die Vorrechte des Klerus als Aberglauben und Kastenwesen zu verschreien. Folgerichtig müssen sie nun auch gegen Gott lästern, der im Alten Bunde ähnliche Privilegien Priestern und Leviten gegeben. Wenn sie es nicht thun, so ist es Inconsequenz. Wir hingegen hassen Inconsequenz, noch mehr aber die Verachtung der göttlichen Anordnungen. Jene Bestimmungen des Alten Testaments sind freilich nicht mehr in Kraft, doch dürfen wir auf sie die Worte des heiligen Paulus anwenden und mit diesem großen Apostel auf die dem Vorsteheramte des Neuen Bundes gebührende Achtung schließen: „Wenn nun das Amt des todtbringenden Buchstabens des Mosaischen Gesetzes eine solche Herrlichkeit hatte ..., wie sollte nicht vielmehr das Amt des Geistes, das Amt der Rechtfertigung Herrlichkeit haben? denn wenn das, was vergänglich ist, Herrlichkeit hat, so wird um so viel mehr das, was bleibt, Herrlichkeit haben“ [1].

91. Fassen wir das Gesagte kurz zusammen. Gott hat der Kirche und dem Klerus die erhabenste Bestimmung und Gewalt gegeben und deshalb gewollt, daß die Gläubigen sie mit der höchsten Hochachtung verehren sollen. Wo nun der Glaube diese göttlichen Anordnungen lebendig erfaßt und die Völker ergreift und das öffentliche Leben durchdringt, da wird mit Nothwendigkeit sich daraus die kirchliche Immunität entwickeln; diese ist als nothwendige Folge einer göttlichen Anordnung gleichfalls von Gott gewollt und mithin göttlichen Rechtes.

92. Unsere Beweisführung wird noch durch die Geschichte bestätigt und erhält dadurch neue Kraft. In der That, die christlichen Völker haben auf die bezeichnete Weise gehandelt und zwar so, daß die Sitte und das christliche Gewissen hierin der weltlichen Gesetzgebung weit voraus

---

[1] 2. Cor. 3, 7—11.

gingen. Etwaige Schwankungen dürfen uns nicht Wunder nehmen, wenn wir der mildern Auffassung der kirchlichen Lehre huldigen. Es handelte sich ja nach dieser nicht um eine unmittelbar von Christus erlassene Anordnung, sondern um etwas, das sich aus dem katholischen Glauben entwickelt. Lange Zeit wird es aber gewöhnlich dauern, bis der Glaube das ganze öffentliche Leben durchbringt und so seinen entsprechenden Ausdruck in der Gesetzgebung finden kann.

Den Anordnungen des hl. Paulus zu Folge (1. Cor. 6, 1 ff.) hatten die ersten Christen große Scheu, ihre Streitigkeiten vor heidnische Richter zu bringen. So kamen manche bürgerliche Sachen vor den Bischof zum Austrag; wie viel mehr werden die Christen ihre Klagen wider die Geistlichen bei jenem anhängig gemacht haben? Wir sehen denn auch wirklich den hl. Apostel ganz im Allgemeinen Bestimmungen darüber treffen, wie der Bischof bei Anklagen wider Priester verfahren soll. Gewiß wurde die christliche Sitte in jenem Punkte nicht geändert, als die gläubigen Kaiser in ausgedehnter Weise die Gerichtsbarkeit des Bischofes selbst für bürgerliche Sachen bestätigten. Nach einem Gesetze Constantin's [1] konnte sogar der Bischof schon auf den einseitigen Antrag einer Partei die Sache endgültig entscheiden. Demgemäß stand es jedem Geistlichen frei, alle seine weltlichen Händel vor das Gericht des Bischofs zu bringen. Zum Wenigsten geschah das, wenn sein Gegenpart einwilligte. Daß es nun das christliche Gefühl in jenen Zeiten verletzte, Geistliche vor weltlichen Gerichten zu verklagen, und solches deßhalb von gläubigen Katholiken gemieden wurde, dafür können wir viele Zeugnisse beibringen.

93. Nach Rufin erklärte bereits Constantin, als man in Nicäa die Streitigkeiten der Bischöfe an ihn brachte, daß Priester wegen ihrer sozusagen göttlichen Machtvollkommenheit nicht von Laien gerichtet werden dürften. Gegen die Wahrheit dieses Berichtes wird das Schweigen des dem Kaiser befreundeten Eusebius geltend gemacht; dasselbe nimmt jedoch dem ausdrücklichen Zeugnisse des gelehrten Presbyters von Aquileja nicht alle Kraft [2]. Wäre es auch so unwahrscheinlich, daß Eusebius zu jenen Bischöfen gehört, die ihre Klagen an den Kaiser bringen wollten, und daß er deßhalb wegen der erlittenen Zurückweisung die Sache lieber

---

[1] Die genannte Constitution (vom J. 331) findet sich bei Sirmond Opp. I. col. 736. Ihre Aechtheit wurde in neuerer Zeit von Hänel und Phillips vertheidigt.
[2] Hefele, Conciliengesch. I, S. 270.

verschwieg? Jedenfalls zeigt die Aeußerung Rufin's, wie man bereits im
IV. Jahrhunderte über die dem Priesterstande gebührende Hochachtung
und Immunität dachte. Hierüber liegt indeß noch ein anderes Zeugniß
in den Briefen des hl. Ambrosius vor. Der Heilige sprach nämlich bei
Anlaß einer bürgerlichen Streitigkeit, deren Entscheidung ihm übertragen
war, die Worte aus: „Die christlichen Männer hatten so großen Eifer,
damit der weltliche Beamte nicht über den Handel eines Bischofes zu
Gericht säße." Ganz dieselbe Ueberzeugung bekundet sich in dem Ausspruch des hl. Hilarius, welcher vom Kaiser Constans forderte, daß
weltliche Richter „künftighin sich nicht herausnehmen sollten, in Sachen
der Geistlichen zu erkennen". Mit Unrecht bezieht man diese Worte
ausschließlich auf kirchliche Angelegenheiten, weil sie wegen der arianischen
Wirren ausgesprochen seien; die Arianer hatten ja Athanasius bürgerlicher Verbrechen beschuldigt [1].

Doch was suche ich lange nach Zeugnissen, um die damals bei den
Vätern und überhaupt in der Kirche herrschende Ueberzeugung zu beweisen? Selbst Godofred muß trotz seiner ungeheuren Abneigung gegen
den besondern Gerichtsstand der Geistlichen das Geständniß ablegen, daß
unzweifelhaft die Bischöfe nach diesem Vorrechte trachteten. Er beruft
sich hiefür auf den hl. Basilius und den hl. Martin [2]. Sicher waren
nun diese Männer nicht von Hochmuth und Dünkel geleitet, sie geben
vielmehr das vollgültigste Zeugniß für den damaligen kirchlichen Glauben.

94. Diese allgemeine Ueberzeugung brach sich in der kirchlichen und
weltlichen Gesetzgebung Bahn. Schon Constantius verbot (im J. 355),
Bischöfe bei weltlichen Gerichten anzuklagen [3]. Die Ausdrücke dieses
Gesetzes sind ganz allgemein gehalten. Hatte dasselbe nur vorüber-
gehende Geltung, so wurde es von Valentinian und Gratian erneuert.
Wir haben freilich nicht mehr den Wortlaut des Gesetzes; doch dafür,
daß es erlassen wurde, stehen uns reichliche Zeugnisse zu Gebote. Die
Geistlichkeit Rom's bemerkt in ihrem Schreiben an Gratian, „daß dessen
Gesetz das priesterliche Haupt öffentlichen Gerichten entzogen habe" [4].
Ebenso erinnert Ambrosius den Kaiser Valentinian II. an das, was der
Vater desselben, Valentinian I., durch ein Rescript bestimmt, daß näm-

---

[1] S. Ambros. ep. 14. S. Hilar. ad Const. L. I. n. 1.
[2] Ad l. 23. Cod. Theod. lib. 16. tit. 2. Ed. Ritter. t. VI. p. 59.
[3] L. 12. Cod. Theod. lib. XVI. t. 2. (de episcopis, eccl. et clericis.)
[4] Coustant. l. c. col. 528.

lich), wenn ein Bischof entweder wegen kirchlicher Angelegenheiten, oder auch wegen a n d e r e r Sachen angeklagt werde, und etwas, das sich auf die Sitten beziehe, zu untersuchen sei, dieß doch einem bischöflichen Gerichte unterstehen solle [1]. Auch der 6. Canon des zweiten allgemeinen Concils von Constantinopel bekräftigt unsere Behauptung. Dort wird nämlich festgesetzt, die Klage eines Heiden oder Irrgläubigen wider einen Bischof könne von einem kirchlichen Gerichte zugelassen werden, wenn sie sich nur nicht auf kirchliche Angelegenheiten beziehe. Was dürfen wir hieraus schließen? Offenbar, daß ein Gesetz Alle nöthigte, dergleichen Klagen beim geistlichen Gerichte anzubringen. Würden sonst wohl Ungläubige sich so leicht dazu verstanden haben? Einen weitern Beleg für unsere Behauptung liefert uns der 16. Brief des Papstes Zosimus, welcher den afrikanischen Bischöfen mit den schärfsten Ausdrücken verweist, daß ein Laie mit ihrer Erlaubniß über einen Bischof zu Gericht gesessen [2]. Wie hätte nun der Papst so sprechen können, wenn das weltliche Gesetz damals die Bischöfe allgemein zu einem solchen Verfahren zwang? Endlich fand, um noch ein directes Zeugniß für das den Bischöfen gegebene Vorrecht anzuführen, Coustant in einem alten Collectaneum des neunten Jahrhunderts die kurze Notiz von einem Gesetze Valentinian's, Gratian's und Theodosius', wonach diese Kaiser festgesetzt, Niemand solle einen Bischof bei weltlichen Richtern anklagen [3].

95. Die dem Bischofe gegebene Vergünstigung wurde bald auf die andern Geistlichen ausgedehnt. Der VIII. Canon des im Jahre 393 gehaltenen Concils von Hippo, unter dessen zahlreichen Mitgliedern auch der hl. Augustinus glänzte, verpönte den Klerikern, irgend welchen Proceß in Criminal- und Civilsachen mit Verschmähung des geistlichen Gerichtes bei dem weltlichen anhängig zu machen, eine Bestimmung, welche bald darauf Bischof Theophilus von Alexandrien und später das Concil von Chalcedon in Bezug auf die Streitigkeiten zwischen Geistlichen erneuerte. Hierzu kam denn auch die weltliche Gesetzgebung. Schon der Kaiser Honorius setzte (im J. 412) fest: „Kleriker dürfen nur bei dem Bischofe angeklagt werden." Da nun nach dem Tode des Honorius der kirchenfeindliche Gegenkaiser Johannes, voll Neid über die Privilegien des Klerus, bei Anklagen „unterschiedslos die Geistlichen hatte vor weltliche Richter führen lassen", so stellte ein Gesetz Valentinian's III. (vom

---

[1] Ep. 21. Edit. Venet. III, 910.   [2] Coustant. l. c. col. 984.
[3] Coustant. l. c. 558.   Das Gesetz muß um das Jahr 380 erlassen worden sein.

J. 425) deren besondern Gerichtsstand wieder her [1]. „Die Kleriker",
heißt es dort, „behalten wir dem bischöflichen Gerichte vor; denn es ist
nicht recht, daß die Diener des göttlichen Amtes der Macht und Willkür
der zeitlichen Gewalten unterworfen sind." Klare, deutliche Worte! Selbst
Godofred muß, nachdem er lange Zeit gegen deren „rohe Auffassung von
Seite der katholischen Theologen, welche die Freiheit, d. i. den besondern
Gerichtsstand der Geistlichen, als Deckmantel für ihre Bosheit brauchen",
geeifert und Schrift und Väter gegen sie aufgerufen hat, selbst Godo=
fred, sage ich, muß zum Schluß das Geständniß ablegen: „aber, wenn
ich die Allgemeinheit des dem Gesetze beigefügten Grundes betrachte, so
neige ich mich doch mehr zur Ansicht, allgemein sei auch die Absicht Va=
lentinian's gewesen und er habe dem bischöflichen Gerichte alle Sachen
der Kleriker zuerkennen wollen." Valentinian nahm nun freilich später
in einer Zeit, wo er nach dem Tode seiner frommen, weisen Mutter
Galla Placidia von Verbrechen zu Verbrechen stürzte, dieses Gesetz zu=
rück (Nov. 12. de episcopali judicio); aber er konnte damit nicht
durchdringen, schon sein Nachfolger Majorian mußte diese Bestimmung
aufheben [2]. Welche Sitte und Uebung nun in Rom herrschend blieb,
lernen wir aus einem Rescripte Athalarich's kennen, das uns Cassiodor
aufbewahrt hat (Variorum VIII. ep. 24.). Dieser Gothenkönig bestä=
tigte darin „die langdauernde Gewohnheit: wenn Jemand ein
Mitglied des römischen Klerus wegen irgend welcher beliebigen Sache (in
qualibet causa) anklagen wolle, so müsse er denselben vorher beim Ge=
richte des Papstes belangen, damit dieser die Sache zwischen Beiden nach
seiner Gewohnheit entscheide, oder sie einem Andern delegire". Viel
früher schon hatte der hl. Avitus von Vienne das ihm gemachte Ansin=
nen, einen Mitpriester dem weltlichen Gerichte zu überantworten, mit
den Worten zurückgewiesen, er wolle nicht die Freiheit des Klerus ver=
rathen [3]. Justinian erkannte dann endlich durch seine Gesetzgebung den
privilegirten Gerichtsstand der Geistlichen vollkommen an.

96. Bei den germanischen Völkern drang in ähnlicher Weise die
Immunität des Klerus allmählich durch. Großen Vorschub leistete hierbei
das römische Recht, das noch längere Zeit als Partikularrecht der unter=

---

[1] L. 41. l. 47. Cod. Theod. de episcopis, eccl. et cler. (lib. XVI. tit. 2.)
[2] Siehe die Interpretatio der obigen Novelle in dem Anhange zu Godofred.
Codex Theodos. Ed. Lips. p. 129.
[3] Ep. 61. Opp. P. Sirmondi II. p. 70; siehe auch die Note dieses Gelehrten
zu den angeführten Worten.

worfenen Römer und mithin auch der zum größten Theil aus Römern genommenen Geistlichkeit galt. Wir sehen in der That Gregor I. auf das genannte Gesetz Justinian's sich berufen, um den Gerichtsstand der Geistlichen in Spanien zur Anerkennung zu bringen. Mehrere Concilien in Gallien verlangten das Nämliche, ohne jedoch gleich Anfangs dem genannten Vorrechte vollständige Geltung verschaffen zu können. Längere Zeit währte es, bis die katholische Ueberzeugung ganz sich Bahn zu brechen vermochte. Zuerst wurde auf verschiedenen Synoden der Canon erneuert, welcher den Geistlichen verbot, irgend welche Sachen mit Verschmähung des geistlichen Gerichtes an das weltliche zu bringen; dann wurde den Laien befohlen, bevor sie einen Geistlichen beim weltlichen Richter verklagten, sollten sie die Sache zuerst dem Bischofe vortragen und nur mit dessen Erlaubniß jenen Schritt thun. Auf diese Weise konnte durch gütliche Ausgleichung vor dem Bischof den Verhandlungen beim weltlichen Gerichte vorgebeugt werden. Bald wurde auch dem weltlichen Richter verboten, irgend einen Kleriker zu verurtheilen, bevor dem Bischof darüber Anzeige gemacht sei. Dieß brachte es mit sich, daß jenem im Gerichte über Geistliche der Archidiacon oder ein Priester beigegeben wurde. In den Kapitularien Karls des Großen herrscht bereits die kirchliche Ansicht vom besondern Gerichtsstand der Geistlichen vor.

In dem zu Aachen gegebenen Gesetze (Capitulare) vom J. 801 wird der Gerichtstand der Geistlichen als das ihnen eigene Recht den weltlichen Gerichten gegenübergestellt (c. 16). Wir können uns ferner für unsere Behauptung auf das Capitulare vom J. 789 berufen, welches unter vielen Bestimmungen auch folgende enthält: „daß, wenn Kleriker eine Schuld begangen, sie nur von Geistlichen und nicht von Weltlichen gerichtet werden sollen" (c. 38). Wir finden diese Anordnung öfter wiederholt [1]. Ebenso häufig wurde eingeschärft, daß klagende Geistliche nicht mit Verlassung ihres Gerichtsstandes zu den weltlichen Richtern gehen dürften. Etwaige Streitigkeiten über zeitliche Güter zwischen Laien und Klerikern sollten vom Bischof im Verein mit dem weltlichen Richter abgemacht werden.

Bei dem großen Ansehen der Bischöfe in damaliger Zeit mußte dasselbe in einem solchen gemischten Gerichte vorwalten, und demgemäß setzte die große Synode von Tribur (vom J. 895) nicht etwas wesentlich Neues fest, wenn sie in ihrem XXI. Canon bestimmte, Streitigkeiten

---

[1] Pertz, Monumenta III, p. 60, 74. 99. 110.

zwischen Klerikern und Laien sollten unter Leitung des Bischofes ohne Parteilichkeit geschlichtet werden. In den Stürmen der spätkarolingischen Zeit wurde nun freilich, wie überhaupt göttliches und menschliches Gesetz, so auch jenes Vorrecht der Geistlichkeit oft verletzt. Zum Schutze desselben verfaßte der ansehnlichste Mann der fränkischen Kirche, Hinkmar von Rheims, eine Vertheidigungsschrift. Damals (um die Mitte des neunten Jahrhunderts) suchte auch der Urheber der pseudo-isidorischen Sammlung solches, doch in ganz anderer Weise zu erreichen. Er schrieb nämlich den oft im römischen und fränkischen Rechte ausgesprochenen Grundsatz, daß Geistliche nicht vor weltlichen Gerichten angeklagt werden sollten, den Päpsten der ersten Jahrhunderte zu. Darin aber den Ursprung oder auch nur eine beträchtliche Stütze der kirchlichen Immunität für die germanischen Reiche zu suchen, wäre ganz und gar verfehlt. Denn man verfolge nur aufmerksam den von uns geschilderten Gang der dieses Vorrecht betreffenden Rechtsentwickelung, man blicke auf die vielen vor jener Fälschung über den geistlichen Gerichtstand gemachten Bestimmungen der fränkischen Gesetzgebung, man untersuche die Strömung des damaligen Zeitgeistes, man erwäge die wachsende, das ganze öffentliche Leben des Mittelalters bestimmende Macht der Kirche und der kirchlichen Vorsteher, man ziehe endlich den spätern Einfluß des jenes Privileg vollständig anerkennenden römischen Rechtes auf die Verhältnisse in Betracht, und man wird wahrlich gestehen müssen, die kirchliche Immunität würde eben so sicher und eben so bald ohne jene falschen Decretalen zur Geltung gekommen sein, als mit denselben, gerade so, wie der Rhein eben so gewiß in's Meer fließt, ob ein Schiff auf seiner Strömung dahin fährt oder nicht. Aber freilich in Bezug auf katholische Einrichtungen vergessen manche Juristen die erste Regel der Gerechtigkeit, kein doppeltes Maß und Gewicht zu haben. Reden sie von andern zur Rechtsgeschichte gehörigen Dingen, so wissen sie nicht genug von der unwiderstehlichen Gewalt des Zeitgeistes, von der unbezwingbaren Macht der Ideen, von dem unaufhaltsamen Gang der Geschichte, vom Rechtsbewußtsein der gebildeten Völker, von der Entwickelung des nationalen Lebens zu sprechen; in unserer Frage aber scheinen sie alle diese schönen Worte vergessen zu haben. Um ein Rechtsinstitut zu erklären, das Jahrhunderte lang bei allen christlichen Völkern geherrscht hat, denken sie sich immer nur den Teufel des Priesterstolzes, der durch hohe Prälaten diese vermaledeite Einrichtung schwachsinnigen Fürsten eingibt oder durch abgefeimte Fälscher ein bis dahin ganz unbekanntes Recht den Völkern ohne Weiteres auflügt. Sicher spricht man aber durch solches Verfahren den elementärsten Begriffen und Gesetzen der Rechtsgeschichte Hohn. Denn, was bei allen christlichen Nationen so lange geblüht, muß wahrlich etwas Tieferes zu Grunde liegen, als eine derartige Beeinflussung oder Fälschung. Die Allgemeinheit der kirchlichen Immunität in den christlichen Reichen des Mittelalters zwingt uns, deren Ursache in dem zu suchen, was allen jenen Völkern gemeinsam war, in der christlichen Religion nämlich, welche eine hohe Achtung vor dem Priesterstand erzeugt und mit ihr, wenn sie das ganze öffentliche Leben durchdringt, auch den besondern Gerichtsstand hervorbringt.

Wie mit diesem Privileg, so verhielt es sich auch mit den andern Rechten, die wir unter dem Namen der kirchlichen Immunität zusammenfassen. Kaum waren die Fürsten zum Christenthum bekehrt, als sie sich auch gedrungen fühlten, die kirchliche Immunität in größerem oder geringerem Umfange zu gewähren; so handelt Constantin, so Chlodwig. Mit dem steigenden Einfluß der christlichen Religion auf das öffentliche Leben wuchs auch der Umfang jener Vorrechte.

97. Diese Gesetzgebung blieb das Mittelalter hindurch bestehen, sie mußte aber mit dem wachsenden Absolutismus der Fürsten und noch mehr nach den Zeiten der Glaubensspaltung auf die größten Widersprüche stoßen. In protestantischen Ländern wurden Kirche und Klerus vielfach verfolgt; wie hätten sie da auf Privilegien Anspruch machen können? Auch hob der Protestantismus den Unterschied zwischen Klerus und Laien auf, er leugnete die geistliche Gewalt der Kirche und nahm somit jegliche Voraussetzung der kirchlichen Immunität hinweg. Endlich gab er selbst die Immunität der Kirche in rein geistlichen Dingen preis, wie viel leichter mußte er das für die weltlichen Angelegenheiten thun?

Was die Reformation in den protestantischen Ländern bewirkte, dem arbeitete der Absolutismus, welcher schon in der zweiten Hälfte des Mittelalters manche Angriffe auf die kirchliche Immunität gewagt, in katholischen Ländern vor, bis der Liberalismus dieselbe bei der französischen Revolution gänzlich aufhob. Dieses System ist nämlich, als die falsche Gleichheitslehre, seinem innersten Wesen nach allen Vorrechten der Stände abhold; es ruht darum auch nicht eher, bis es dieselben rücksichtslos zertrümmert hat. Das geschah jedoch nicht in allen Ländern mit Einem Schlage, sondern stufenweise, je nachdem der Liberalismus in den verschiedenen Ländern zur Herrschaft kam und den katholischen Glauben aus allen politischen Institutionen verdrängte. Ganz aufgehoben ist die kirchliche Immunität des Klerus fast nirgends, wenigstens die Befreiung vom Militärdienst ist geblieben.

98. Dieser kurze geschichtliche Ueberblick bestätigt unsere frühere Entwickelung. Der lebendige Glaube erzeugt nothwendig die größte Hochachtung vor Kirche und Klerus und zwar eine wirksame, die nicht bloß beim Gottesdienste, sondern im ganzen Leben sich äußert. Hat nun jener Glaube und jene Achtung, ganz im Einklang mit dem Willen Gottes, das Volk, den Staat und die öffentlichen Einrichtungen durch= drungen, so entwickelt sich auch mit Nothwendigkeit ein höherer oder geringerer Grad der kirchlichen Immunität, die eben deshalb göttlichen Rechtes ist, weil ihre Wurzel von Gott herrührt.

Aber auch umgekehrt, je mehr der göttlichen Anordnung entgegen der Glaube der Einzelnen und der Völker abnimmt, und je weniger er das private und öffentliche Leben bestimmt, desto mehr entbehrt auch die kirchliche Immunität ihrer Voraussetzung, und ihre Vorrechte werden dann schwinden.

99. Dem gemäß hat auch der hl. Stuhl immer gehandelt. Weil die Immunität auf göttlicher Anordnung beruht, hat er immer in den Zeiten des christlichen Staates mit der größten Kraft und der ganzen Strenge seiner Gewalt sich den Verletzungen derselben widersetzt. Gegen ihre einseitige Aufhebung hat er auch noch in neuerer Zeit kräftig pro= testirt und das aus zwei Gründen. Einestheils ist die Kirche Auslegerin des göttlichen Rechts für alle ihre Mitglieder. Sie kann darum nicht dulden, daß Katholiken und katholische Völker, ohne sie zu fragen, ja trotz ihres Widerspruches, sich über eine aus göttlichem Rechte herrüh= rende Bestimmung hinwegsetzen. Anderntheils ist die kirchliche Immu= nität nicht nur durch unvordenkliche Gewohnheit, sondern auch durch Concordate positives Recht geworden: der Staat kann mithin dasselbe ebenso wenig als die Concordate einseitig, ohne Befragen der Interes= senten, aufheben.

Die Kirche hat sich aber nicht nur fest in der Vertheidigung ihrer Rechte, sondern auch bereit zum Aufgeben ihrer Privilegien gezeigt, wann die Umstände es erheischten. Das zeigen viele Beispiele aus früheren Jahrhunderten und der gegenwärtigen Zeit; wir erinnern nur an die nach 1815 geschlossenen Concordate. So lautet der **XIII.** Artikel des österreichischen Concordates: „In Rücksicht auf die Zeitumstände willigt Seine Heiligkeit ein, daß weltliche Richter die rein bürgerlichen Sachen der Geistlichen erkennen und entscheiden." Artikel **XIV.**: „Aus derselben

Ursache hindert der hl. Stuhl nicht, daß die Criminalsachen der Geist=
lichen .... an den Richter aus dem Laienstande gebracht werden."

100. Daß nun solche Umstände leicht eintreten können, ist nach der
obigen Auseinandersetzung unschwer zu begreifen. Voraussetzung und
Wurzel der kirchlichen Immunität ist nämlich ein lebendiger Glaube des Volkes
an die hohe Würde und Gewalt des Klerus und eine solchem Glauben
entsprechende Achtung vor diesem Stande. Fehlt diese Voraussetzung,
so kann möglicherweise jenes Vorrecht mehr Nachtheil als Vortheil dem
Klerus bringen. Was dergleichen äußere Ehren aus der alten guten
Zeit, wenn sie ihres Fundamentes entbehren, dem Priester eintragen,
kann uns folgende Thatsache veranschaulichen, die etwa vor 30 oder 40
Jahren sich ereignet haben mag.

Der Wagen des russischen Kaisers sprengte durch die Straßen der
Hauptstadt, begleitet von einem großen Gefolge. Da hält der Zug;
der Kaiser steigt aus, er küßt einem eben vorbeigehenden Popen die
Hände. Dann setzt sich der Zug wieder in Bewegung. Nur zwei Ko=
saken bleiben zurück; auch sie steigen ab, nehmen ihre Knute, um den
armen Geistlichen ganz erbärmlich zu schlagen. „Warum," riefen sie ihm
zu, „seid Ihr nicht aus dem Wege gegangen? Warum den mächtigsten
Kaiser aufhalten? Warum uns Allen diese Ungelegenheit bereiten?"
Künstighin wird der Pope diese Lehre verstanden und durch hurtiges
Ausweichen auf die Ehre verzichtet haben.

Das tragen äußere Vorrechte ein, wenn ihnen einmal das Funda=
ment gänzlich entzogen worden ist. Es kann nun auch, wie schon bemerkt,
jener lebendige, das öffentliche Leben durchdringende Glaube schwinden,
aus dem die Immunität hervorgeht. Dann vermag sie den geistlichen Stand
höchst gehässig zu machen, und die Kirche will in solchem Falle lieber
auf die Immunität verzichten, als durch Festhalten an diesem Vorrechte
das Ziel der gehässigsten Angriffe werden und den Fürsten die größten
Verlegenheiten bereiten. Bei der Frage aber, ob die Umstände die Auf=
gebung der Immunität erheischen, muß man sich indessen sehr hüten,
einige Schreier oder schlechte Blätter für das Volk zu halten. Schon
mancher Fürst hat, indem er auf deren Hetzereien und Wühlereien hin
kirchliche Einrichtungen aufhob, das katholische Volk tief gekränkt. Die
endgültige Beurtheilung jener Umstände steht dem apostolischen Stuhle zu.

101. Es ist nun klar, in wiefern man sich durch die Behauptung,
der besondere Gerichtsstand der Geistlichen sei aufzuheben, gegen das über
die 32. These ausgesprochene Urtheil der Kirche verfehlt. Verwirft man

denselben grundsäßlich als etwas in sich Verkehrtes, will man, der Staat
solle ihn mit Verletzung der dem hl. Stuhle gebührenden Rücksicht abschaffen, so würde man sicher in der bezeichneten Weise sich versündigen.
Glaubt man aber, das genannte Vorrecht sei in sich gerechtfertigt und
wurzele in einer göttlichen Anordnung, die besonderen Umstände der
jeßigen Zeit jedoch erheischten seine Aufhebung, der Staat solle sich somit
zu diesem Behufe an den hl. Stuhl wenden, so ist eine solche Ansicht
durchaus nicht zu censuriren.

102. Nun noch einige Worte über die 33. These, welche einen
besondern Theil der Immunität, die Befreiung der Geistlichen von der
Militärpflicht, angreift. Sie ist nichts anders, als der folgerichtig durch-
geführte Liberalismus; derselbe will nun einmal keine Standesvorrechte,
und je folgerichtiger er verfährt, desto radikaler will er auch die Gleichheit durchführen, wie es von dem Lichte seiner Aufklärung so treffend heißt:

> Erst lehrt es euch die Menschenrechte;
> Seht wie die Sache euch gefällt:
> Bis jeßo waren Herrn und Knechte,
> Und Knecht' und Herren in der Welt;
> Von nun an sind nicht Knechte mehr,
> Sind lauter Herren hin und her.
>
> Sonst war Verschiedenheit im Schwange,
> Und Menschen waren klug und dumm;
> Es waren kurze, waren lange,
> Und dick' und dünne, g'rad und krumm.
> Doch nun, nun sind sie allzumal
> Schier eins und gleich, glatt wie ein Aal.

103. Natürlich will eine solche radikale Gleichmachung auch durchaus die Befreiung einer ganzen Klasse von der Conscription abgeschafft
wissen. Wirklich hat man auch im nordamerikanischen Kriege, obgleich
nicht allgemein, Priester zur Militärpflicht gezogen. Dasselbe wollte man
in Italien thun, fand aber solchen Widerspruch, daß man die Sache
wieder fallen lassen mußte. In allen übrigen Ländern wird der katholische Klerus gegenwärtig bei der Conscription verschont. In frühern
Zeiten hat immer derselbe Vorzug gegolten, mochte man auch in einzelnen Nothfällen, wenn die Geistlichen nicht selbst schon zu den Waffen
griffen, sie dazu auffordern. Wie tief aber die Ueberzeugung von der
Rechtmäßigkeit des genannten Vorrechtes wurzelte, zeigt folgende Thatsache. Der Kaiser Mauritius, unwillig darüber, daß so viele Soldaten
durch den Eintritt in's Kloster sich dem Kriegsdienste entzogen, verbot
denselben das Anlegen des Ordenskleides, bis sie ihrer Militärpflicht

Genüge geleistet. Dagegen protestirte aber Gregor der Große so kräftig, daß der Kaiser sich zur Aufhebung des Verbotes genöthigt sah.

Diese allgemeine Geltung des den Geistlichen gewährten Vorzuges beweist hinreichend, wie sehr derselbe in der natürlichen Billigkeit begründet ist. Ein willkürlich gegebenes Privileg ist niemals allgemein. Doch die Gegner haben wenig Sinn für eine solche Beweisführung aus der Geschichte. Sie geberden sich ja, als ob ihnen erst und ihnen allein das Licht der Vernunft aufgegangen sei. Solchen freilich, die einen ganz absonderlichen Verstand haben müssen, einen ganz andern, als die Menschen bislang gehabt, läßt sich auch schwer mit Vernunftgründen beikommen. Nichtsdestoweniger wollen wir hier einige beifügen.

104. Alles hat seine Grenzen, auch die liberale Gleichmacherei vor dem Gesetze. Will man sie im absoluten Sinne durchführen, so würde man nicht nur alle Billigkeit und Klugheit verletzen, sondern sich geradezu lächerlich machen. Nehmen wir zum Beispiel die Conscription. Sie soll alle Unterthanen treffen. Wer aber nimmt nicht die Kranken und Schwächlinge aus? Wo ist das weibliche Geschlecht nicht vom Kriegsdienste befreit? Ueberall nimmt man Rücksicht auf Reclamationen, wenn besonders dringende Familienverhältnisse eine Befreiung vom Militärdienste erheischen. Es müssen also auch bei der Conscription Ausnahmen gemacht werden, und ganz gewiß fordert schon die natürliche Billigkeit, daß der geistliche Stand gleichfalls davon befreit werde. Der Kriegsdienst paßt nun einmal nicht für denselben. Das sehen die Gegner sehr wohl ein, wenn sie auf das Mittelalter, die kriegerischen Bischöfe schmähen wollen. Bei solchen Angriffen gegen die Kirche gehen ihnen die Augen auf. Paßt der Kriegsdienst nun aber nicht für den Klerus, so darf der Staat ihn auch nicht erheischen. Es ist weder recht, noch klug von ihm gehandelt, etwas Unpassendes von einem Stande zu fordern, der ihm so nützlich ist, und dessen er sich eben so wenig, als der Religion selbst entschlagen kann.

105. Dieß führt uns auf einen andern Grund. Jeder Bürger muß zur Wohlfahrt des Ganzen mitwirken, aber nicht alle in derselben Weise. Wie der Körper verschiedene Glieder hat und jedes eine besondere Thätigkeit, so verhält es sich auch mit der menschlichen Gesellschaft. Die Geistlichen haben nun in ihr eine höchst wichtige Stellung und Wirksamkeit, und gerade vom katholischen Geistlichen wird verlangt, daß er sich ganz und allein seinem erhabenen, nützlichen Berufe widme. Es muß darum dem Staate verderblich werden, wenn er solche Männer

durch den ihrer Stellung so widersprechenden Kriegsdienst von ihrer ge=
meinnützigen Beschäftigung abzieht, oder auch nur den Candidaten des
Klerus die so nothwendige Vorbereitung auf ihren wichtigen Beruf durch
die Militärjahre durchkreuzt. Es wäre das zugleich eine doppelte Be=
lastung, mithin, wie schon oben bemerkt, ein Verstoß gegen die natürliche
Gerechtigkeit, wollte man Leuten, die mit so großer Aufopferung ihr
Leben dem gemeinen Besten geweiht haben, noch eine andere schwere Last
zu demselben Zwecke aufbürden. Dazu kommt noch, daß die Geistlichen
in ihrer Weise direct im Kriege thätig sind und so unvergleichlich mehr
zum Erfolge beitragen, als wenn sie selbst in den Reihen der Soldaten
mitkämpfen würden. Als Feldgeistliche ziehen sie mit in das Feld, sie
reinigen das Gewissen der Soldaten, daß diese ohne Todesfurcht in das
wildeste Kampfesgewühl sich stürzen können; sie entflammen durch feurige
Anrede ihren Muth, gehen mit in die Schlacht, um den Verwundeten
beizuspringen, wachen, trösten, ermuntern am Krankenlager und führen
zu demselben Zwecke dorthin eine ganze Schaar gottgeweihter Jungfrauen.
Da also die Geistlichen sowohl durch ihre Beschäftigung im Allgemeinen,
als auch insbesondere durch ihre Wirksamkeit unter den Soldaten, dem
Gemeinwesen auf die höchste Weise nützlich sind, so spricht man allen
Rücksichten der natürlichen Billigkeit, ja selbst der gewöhnlichen Klugheit
Hohn, wenn man sie durch den ihrem Berufe so widersprechenden Kriegs=
dienst von ihrem Amte abzieht.

106. Unsere Erörterung über die kirchliche Immunität setzt uns in
den Stand, durch eine Parallele des Katholicismus mit dem Liberalismus
das entgegengesetzte Verhalten beider zu den menschlichen Ständen zu
beurtheilen. Der Katholicismus stellt innerhalb der Kirche einen Stan=
desunterschied auf und fordert grundsätzlich für den Klerus Vorrechte,
und das nicht nur im kirchlichen, sondern auch im bürgerlichen Leben,
sowohl von den einzelnen Gläubigen, als auch von den katholischen
Staaten. Der Liberalismus ist aber, als Gleichheitslehre, prinzipiell, wie
allen Standesvorzügen, so insbesondere den Privilegien der Geistlichkeit
entgegen. Der Katholicismus fördert dadurch, daß er einen bevorzugten
Stand schafft, indirect den von der Natur selbst, und darum immer und
überall hervorgebrachten Standesunterschied. In ähnlicher Weise wirkt
er übrigens auch durch seine Lehre, daß alle Gewalt von Gott sei; denn
dadurch stellt er die Träger dieser Gewalt als etwas Höheres den Un=
tergebenen gegenüber. Diese beiden, von der Natur selbst angeordneten
Unterschiede sucht aber der Liberalismus durch seine radikale Gleich=

macherei und sein Dogma von der Souveränetät des Volkes zu ver=
wischen.

107. Nichts destoweniger ist der Katholicismus himmelweit davon
entfernt, Kastengeist und Adelstolz zu nähren. Denn einestheils bewirkt
er durch seine Gesetzgebung über die Pfründen, sowie durch den Cölibat
des Klerus, daß dieser nie in eine Priesterkaste ausarten, noch ausschließ=
lich sich aus Einem Stande refrutiren kann. Auch die Ehegesetzgebung
der Kirche ist allem Kastenwesen abhold, indem sie die Gültigkeit der
Ehen zwischen den weitest abstehenden Ständen anerkennt. Von der
andern Seite füllt sie durch die übernatürliche Liebe und Demuth, welche
sie ihren Kindern einzuflößen sucht, die Kluft zwischen den verschiedenen
Ständen aus. Nicht nur Rechte, sondern noch weit mehr Pflichten legt
sie zudem den Höhergestellten auf. Sie ruft ihnen zu: „Wer der Erste
unter Euch ist, sei wie einer, der dienet." Hat nicht in dieser Weise
auch der Geist der Demuth und Liebe, den sie aushauchte, in Europa
die Sklaverei aufgehoben? So sucht die Kirche die schroffen Seiten des
von der Natur angeordneten und zum Aufbau einer organischen Gesell=
schaft so nothwendigen Ständeunterschiedes im socialen Leben auszu=
gleichen.

Gerade umgekehrt verfährt der Liberalismus. In der Theorie hebt
er die Stände auf, in der Praxis schafft er eine unübersteigliche Kluft
zwischen der Geldaristofratie und dem Proletariat, eine Kluft, die weit
größer zu werden droht, als sie je früher zwischen Freien und Sklaven
war, die immer klaffender wird, je mehr der Liberalismus der Religion
allen Einfluß auf das Leben abschneidet.

108. Ein ähnlicher Unterschied besteht in der Art und Weise, wie
Katholicismus und Liberalismus ihre Lehren von den Ständen zur Gel=
tung bringen. Der Katholicismus wirkt, wie die Natur, von innen her=
aus; zuerst erzeugte er die Ueberzeugung von den hohen Vorzügen des
Klerus, woraus dann wie von selbst die kirchliche Immunität hervor=
quoll. Ebenso ruhig und unwiderstehlich brachte er die Aufhebung der
Sklaverei zu Wege. Umgekehrt handelt der Liberalismus. Man sehe
nur auf die ehemalige französische Nationalversammlung, und man wird
einen Begriff bekommen, wie rücksichtslos der Liberalismus in einer stür=
mischen Sitzung die tausendjährigen Rechte der Stände zertrümmerte.
Ein Seitenstück dazu ist die neulich erfolgte, durchaus unvorbereitete Auf=
hebung der Sklaverei in den Vereinigten Staaten, wodurch Hundert=
tausende in den Abgrund des Elendes gestürzt wurden.

Hieraus ist klar, die Kirche, obwohl eine übernatürliche Anstalt, festigt und kräftigt das von der Natur Gewollte auf eine dem Wirken der Natur ähnliche Weise. Umgekehrt verfährt der Liberalismus. Er bleibt nicht beim Abfall von dem Uebernatürlichen stehen, er verletzt und stört auch die natürliche Ordnung.

V. Die bischöfliche Gewalt.

109. Die 25. These des Syllabus greift die Rechte der Bischöfe an, indem sie einen wesentlichen Theil derselben, nämlich die Regierung der äußern kirchlichen Angelegenheiten aus der precären Bewilligung des Staates ableitet. Dieser These gegenüber werden wir den göttlichen Ursprung der bischöflichen Gewalt beweisen. Gelingt uns das, so müssen an dem Felsen des göttlichen Willens alle Anmaßungen einer absoluti=stischen Staatsgewalt zerschellen. Wie bei andern Fragen, werden wir auch hier vorzugsweise den Weg der Geschichte betreten. Zuvor jedoch eine einleitende Bemerkung.

In jedem geordneten Staate sehen wir die Gewalt in verschiedenem Maße unter die Machthaber vertheilt. Ueberall gibt es höhere und niedere Beamte, bis zum Polizeidiener herab, bis zum Fürsten oder Prä=sidenten hinauf. Die Organisation einer großen Gesellschaft bringt das Nämliche nothwendig mit sich. Sollte das Christus nicht eingesehen haben, da er die ausgedehnteste und zugleich auf das Festeste in sich geschlossene Gesellschaft gründen wollte? Thorheit wäre es, daran zu zweifeln. Schrift und Ueberlieferung bestätigen es auch unwiderleglich.

110. Wir sehen gegenwärtig, in Unterordnung unter dem Papste, die Bischöfe die einzelnen Kirchen regieren und an der Spitze der äußern und innern Verwaltung stehen. Auch in den früheren christlichen Jahr=hunderten hatten die Bischöfe dieselbe Gewalt. Ja als die Kirche im 4. Jahrhundert ihr Haupt aus dem Dunkel erhob, zeigte sie schon dieselbe Form der Verfassung. Ueberall standen damals Bischöfe an der Spitze der einzelnen Diözesen. Das ist eine Thatsache so unleugbar, daß selbst die Gegner der katholischen Kirche sie nicht bezweifeln. Der Bischof stand aber nicht nur dem Gottesdienste vor, sondern er hatte auch die Verwal=tung des Kirchengutes, übte ferner selbst in bürgerlichen Sachen eine

umfassende schiedsrichterliche Thätigkeit aus, und auf Synoden vereint, gaben die Bischöfe Gesetze über die Ehe und ehelichen Verhältnisse [1]. Die bischöfliche Gewalt war aber nicht erst damals entstanden. Auch die erbittertsten Gegner gestehen, daß sie schon früher gewesen. Die katholischen Bischöfe sind mithin in unvordenklichem Besitze ihrer Gewalt. Sie können folglich derselben nicht beraubt werden, wofern nicht ihre Gegner sich auf klare, unwiderlegliche gegentheilige Zeugnisse berufen können. Was bringen sie aber vor? Nichts als Vermuthungen, die sie durch einige dunkle Stellen der Schrift zu stützen suchen, wie das die Lösung der Einwürfe zeigen wird.

111. Aber noch mehr. Die katholische Kirche kann den göttlichen Ursprung ihres unvordenklichen Besitzes durch die deutlichsten Gründe darthun. Dahin gehört vor allen die Regel des hl. Augustinus: „Was die gesammte Kirche beobachtet, und was nicht durch Concilien angeord= net, sondern immerdar festgehalten ist, das kann nur aus apostolischer Autorität herrühren" [2].

Die Wahrheit dieser Regel springt leicht in die Augen. Alles hat seine Ursache; auch die Uebereinstimmung der in der ganzen Welt zer= streuten Kirche muß also einen genügenden Grund haben. Eine spätere Thatsache nun, welche den Grund für eine gemeinsame Disciplin der ge= sammten katholischen Kirche abgab, konnte eben wegen dieser unermeßlichen Tragweite nicht verborgen bleiben. Ist also nichts von einer solchen be= kannt geworden, so bleibt uns nur übrig, die Ursache dieser allgemeinen Uebereinstimmung in der Quelle, in dem gemeinsamen Gründer zu suchen. Es hat nun durchaus nichts von irgend einem spätern Beschlusse ver= lautet, welcher die bischöfliche Gewalt in die Kirche oder in einzelne Theile derselben eingeführt hätte. Wir müssen darum den Grund dieser schon in den ersten Jahrhunderten ganz allgemeinen Erscheinung in Christus und den Aposteln suchen.

112. Dazu jedoch nöthigt uns noch ein besonderer Grund. Die Form der Regierung in einer Gesellschaft kann ja verschieden sein, und ist auch immer in den verschiedenen Ländern und Zeiten verschieden ge= wesen. Es erklärt sich das aus der Betrachtung unserer Natur. Der Stolz, welcher in Aller Herzen wurzelt, will nun einmal lieber befehlen als gehorchen. So sehen wir in der Geschichte einen fortwährenden

---

[1] Ueber alles dieses war schon früher die Rede.
[2] L. 4. de baptismo c. 25.

Kampf zwischen den Menschen. Die einen wollen die andern sich unter=
jochen und immer größere Gewalt über sie erwerben, diese andern hingegen
suchen sich deren Herrschaft immer mehr oder gänzlich zu entziehen. Da
nun die Kräfte auf beiden Seiten unendlich verschieden sich gestalten, so
glückt das Unternehmen bald den Einen, bald den Andern. Diese That=
sache ist in der Verderbtheit der menschlichen Natur begründet, die beim
Eintritte in die Kirche eben nicht abgelegt wird. Und darum hätte sich
Aehnliches auch bei der kirchlichen Gesellschaft zeigen müssen, falls sie in
ihren einzelnen Theilen und zahllosen Gliedern sich selbst überlassen ge=
blieben wäre. Als Beweis dafür kann auch die mannigfaltige Verfas=
sungsform der von der Kirche abgefallenen Sekten dienen. In der ka=
tholischen Kirche aber sehen wir gerade das Gegentheil. Ueberall eine
und dieselbe Form der Regierung. An der Spitze der einzelnen Kirchen
steht der Bischof, ihm zur Seite als Gehülfen die Priester, als Diener
die Diaconen. Diese Form ist mithin nicht aus der freien Entwickelung
der einzelnen Kirchen hervorgegangen, sondern wenn sie nicht durch weit=
reichende, alle Kirchen bestimmende Thatsachen geschaffen wurde, muß
sie ihren Ursprung im Wesen des Christenthums haben oder von der
Anordnung dessen herrühren, der die Kirche durch die Apostel gestiftet.

113. Wie sollte auch Christus, der eine Gesellschaft gründen wollte,
sich gar nicht um ihre Form bekümmert haben? Gewiß, erwiedern
manche Gegner, aber er hat die kollegialische oder gar die demokratische
gewählt. Dann aber hätten alle Kirchen bald nach der Gründung, wo
das Andenken an die Apostel noch lebhaft Alle bewegte, in jenen Jahr=
hunderten, wo sie ihr Blut für die Lehren und Anordnungen Christi
freudig verspritzten, sie alle ohne Ausnahme hätten unter solchen Um=
ständen und Zeiten die von Christus gewählte Grundform preisgegeben,
und hätten sämmtlich ihre Leitung und Verwaltung dem Ehrgeize eines
Einzelnen überlassen. Ist dieß glaublich?

Aber warum mache ich so viele Schlüsse, um die Gegner zu wider=
legen? wir haben ja die bestimmtesten, die glaubwürdigsten Zeugnisse,
daß die Apostel diese Regierungsform eingeführt.

114. Gleich nach dem Ausgange der Verfolgung schrieb Eusebius
mit Benützung der ältesten Quellen seine Kirchengeschichte. Er über=
liefert uns nun darin die Reihenfolge der Bischöfe auf den vier vorzüg=
lichsten Stühlen und führt dieselbe bis zu den Aposteln hinauf. Vom
hl. Cyprian war schon früher die Rede; wir sahen, wie er den Bischöfen
die gesammte Regierung der Kirche und ihrer Angelegenheit zuerkennt

und diesen Umfang, sowie die von den Aposteln anhebende, ununterbro=
chene Erbfolge der bischöflichen Gewalt zu dem von Christus gegründeten
Wesen der kirchlichen Verfassung rechnet. Zu seiner Zeit waren sich
die Bischöfe allgemein bewußt, Nachfolger der Apostel zu sein. Nicht
nur Cyprian spricht solches aus, das Gleiche thaten Firmilian, Bischof
von Cäsarea, aus einer alten christlichen Familie stammend, und Clarus,
Bischof von Mascula; letzterer redete in dieser Weise auf dem durch
Cyprian zusammenberufenen Concil von Carthago [1].

115. Von Cyprian wollen wir zu den ältesten lateinischen Kirchen=
schriftstellern hinaufsteigen. Tertullian bezeugt, daß die von den Apo=
steln gegründeten Kirchen die Reihenfolge ihrer Bischöfe bewahrten und
sie bis zu den Aposteln oder den Apostelschülern zurückführten; er beruft
sich darauf gegenüber den Häretikern als auf eine bekannte Thatsache
und stellt es zugleich als Merkmal der wahren Ueberlieferung im Gegen=
satze zu den häretischen Erfindungen auf. Tertullian schrieb solches gegen
den Ausgang des zweiten Jahrhunderts. Noch deutlicher als Tertullian
spricht der hl. Irenäus, der aus dem Munde des Apostelschülers Poly=
karpus die kirchliche Ueberlieferung vernahm. Er behauptet, der Cha=
rakter des Leibes Christi (der Kirche) sei in der Aufeinanderfolge der
Bischöfe, denen jene (die Apostel) die einzelnen Kirchen übergeben; die
Mitglieder der Kirche bewahrten, da sie ja eine feste Ueberlieferung von
den Aposteln hätten, in der ganzen Welt dieselbe Form der kirchlichen
Verfassung (eandem figuram ejus, quae est erga Ecclesiam, ordina-
tionis): „alle Häretiker seien später als die Bischöfe, denen die Apostel
die Kirche übergaben." „Die von den Aposteln in der Kirche eingesetzten
Bischöfe" nennt er deßhalb „Nachfolger der Apostel" [2]. Insbesondere
behauptet er von seinem geliebten Lehrer, er sei vom hl. Johannes zum
Bischof von Smyrna bestellt. Wir möchten nun fragen, wie ist bei
dieser Thatsache ein Irrthum denkbar, wie bei diesen hl. Martyrern
eine Lüge anzunehmen?

Ganz dasselbe bestätigt übrigens der gelehrteste Kirchenvater aus
dem zweiten Jahrhundert. Clemens von Alexandrien erzählt uns näm=
lich, daß Johannes nach seiner Rückkehr von Patmos nach Ephesus
öfter in die Umgegend gereist sei, um Bischöfe anzustellen.

116. Um den apostolischen Zeiten immer näher zu kommen, ver=
nehmen wir nun noch drei Zeugen aus der Mitte des zweiten Jahr=

---

[1] Ep. 42. ad Cyprian. Opp. S. Cypr. p. 148. 337.
[2] IV, 20, 1. p. 317. III, 3, 1. p. 175.

hunderts über das Alter und den Umfang der bischöflichen Gewalt. Dionys, Bischof von Korinth, schreibt in einem Briefe an die Athener, ihr erster Bischof sei Dionys, der Areopagite, gewesen, derselbe, den Paulus bekehrt. Der älteste Geschichtschreiber der Kirche, Hegesypp, er= zählt gleichfalls, in den Zeiten der Apostel sei Jakobus Bischof von Je= rusalem gewesen, nach dessen Martyrtode ein anderer Verwandter Jesu Christi, Simon mit Namen. Hegesypp besuchte auf seiner Reise aus dem Oriente nach Rom sehr viele Bischöfe; er sagt, von allen habe er dieselbe Lehre vernommen, und nachdem er die Reihenfolge der römischen Bischöfe angeführt, setzt er hinzu: „Bei der Nachfolge (der einzelnen Bischöfe aufeinander) und in jeder Stadt verbleibe Alles so, wie das Gesetz und die Propheten und der Herr selbst es verkündet." Was endlich den Umfang der bischöflichen Gewalt betrifft, so brauchen wir nur an das oben angeführte Zeugniß des hl. Justin zu erinnern. Aus demselben geht hervor, daß der Bischof, den Justinus den Vorsteher der Brüder nennt, nicht nur den Gottesdienst, sondern auch die Verwaltung des kirchlichen Eigenthums leitete.

117. Somit wären wir in unserer Untersuchung bereits zu den Anfängen der christlichen Kirche gekommen, zu jenen Männern, welche die Apostel selbst unterrichtet. Erhalten wir nun von diesen vielleicht ein anderes Bild der kirchlichen Verfassung? Denn sicher müßte das der Fall sein, wenn die Ansicht der Gegner richtig wäre. Doch gerade das Gegentheil trifft zu. Denn nirgends strahlt uns die Fülle der bischöf= lichen Gewalt und der göttliche Ursprung der Hierarchie herrlicher ent= gegen, als aus den Briefen des hl. Ignatius. Gemäß diesen steht an der Spitze der einzelnen asiatischen Kirchen der Bischof, ihm untergeordnet sind die Priester und Diakonen. Diese Hierarchie beruht auf göttlicher Anordnung und gehört zum Wesen der Kirche. „Verehret," so schreibt er an die Trallier (c. 3), „die Diakonen wie eine Anordnung Jesu Christi, den Bischof wie Jesus Christus (von dem er seine Sendung erhalten Ep. ad Ephes. c. 6.), die Priester aber als einen Rath Gottes (den Gott gesetzt). Ohne diese wird die Kirche nicht genannt." Wie= derholt schärft Ignatius ein, daß „von dem, was die Kirche betrifft, nichts ohne den Bischof geschehen soll" (Ep. ad Smyrnaeos c. 7). Er gibt ihm die Aufsicht über die Eheschließung und die Verwaltung des kirchlichen Vermögens zum Unterhalte der Wittwen und zum Loskaufe der Sklaven (Ep. ad Polycarpum c. 4. 5.).

118. Daß wir in den Briefen des hl. Ignatius bereits die fa=

tholische Ansicht über die bischöfliche Gewalt finden, geben denn auch die Gegner zu, aber sie berufen sich auf den hl. Clemens, Bischof von Rom. Wir können diese Berufung zuversichtlich annehmen, denn der berühmte Brief des hl. Clemens an die Gemeinde von Korinth wird uns weitere Belege für die katholische Ansicht darbieten. Zwar erwähnt derselbe keines Bischofes in Korinth, allein der Grund davon liegt nahe. Zur Zeit, in welcher der Brief geschrieben, war aller Wahrscheinlichkeit nach der bischöfliche Stuhl erledigt, denn die Streitigkeiten, um derentwillen Clemens nach Korinth schrieb, waren über das kirchliche Vorsteheramt entstanden. Der Apostelschüler behauptet nun ganz bestimmt, bereits die Apostel, „die Gott mit einem solchen Werke betraut, hätten in den einzelnen Ländern und Städten Bischöfe und Diakonen angestellt" und die Regel vorgeschrieben, „wie nach deren Tode andere bewährte Männer ihr Amt übernehmen sollten." Also wiederum ein ausdrückliches Zeugniß eines gleichzeitigen Schriftstellers, daß die Einsetzung der Bischöfe kraft göttlicher Anordnung vor dem Tode der Apostel geschah. Wenn Clemens an bezeichneter Stelle nicht die Presbyter als ein drittes Glied der Hierarchie aufzählt, so können wir dieses leicht aus dem Zusammenhang erklären. Der Heilige lehnt nämlich seinen Bericht über die Einsetzung der Bischöfe und Diakonen an einen Text der hl. Schrift an, um dieselbe dadurch als eine göttliche Anordnung zu beweisen. In jenem Texte war aber nur von Bischöfen und Diakonen die Rede, Clemens konnte deßhalb auch nur von der Einsetzung dieser beiden Grade der Hierarchie sprechen. Die Presbyter erwähnt er übrigens im 47. und 57. Kapitel, in denen er die Korinther wegen der Widersetzlichkeit gegen die Presbyter tadelt und sie auffordert, denselben zu gehorchen [1].

---

[1] Wir haben aber noch eine andere Stelle, in der Clemens die dreigliedrige Hierarchie der Kirche als eine göttliche Anordnung hinstellt. Zugleich geht aus derselben hervor, daß damals schon an der Spitze der einzelnen Theilkirchen ein Oberpriester, d. i. ein Bischof, stand. Da jedoch die Beweiskraft dieser überaus wichtigen Stelle von Vielen geleugnet wird, so sehen wir uns gezwungen, sie eingehend zu vertheidigen. Im 40. Kapitel hatte Clemens daran gemahnt, daß wir in der vorgeschriebenen Ordnung Alles thun sollen, dessen Feier uns Gott befohlen, insbesondere müssen Opfer und Liturgie in der Zeit, sowie von den Männern vollbracht werden, die Gott bestimmt. Dann fährt er fort:

dem Hohenpriester sind besondere gottesdienstliche Verrichtungen (Liturgie) zugetheilt, und

für die Priester ist ein besonderer (Ehren-) Platz angeordnet,

den Leviten liegt ein besonderer Dienst (das Diakoniren) ob,

der Laie ist durch Anordnungen, die sich auf die Laien beziehen, gehalten:

119. Von den Apostelschülern gehen wir zu den Aposteln über. Unter ihnen ist es besonders Johannes, der in der Geheimen Offenbarung die katholische Wahrheit bezeugt. Er wendet sich nämlich dort

---

Jeder von euch, Brüder, soll in der ihm eigenen Rangordnung Gott Dank sagen (die eucharistische Feier begehen), ohne den festgesetzten Canon der ihm bei der Liturgie obliegenden Verrichtung zu überschreiten.

Das letzte Glied dieser Periode faßt kurz zusammen, was in den frühern enthalten ist, und bezieht sich offenbar auf den christlichen Gottesdienst, dessen Mittelpunkt die „Danksagung" (Eucharistie) war. Deshalb werden sich auch die ersten Glieder darauf beziehen. In der That, sie geben uns auch ein höchst anschauliches Bild der Art und Weise, in welcher das h. eucharistische Opfer in den ersten christlichen Jahrhunderten dargebracht wurde. Der Bischof nämlich war es, der die „Liturgie" abhielt, wie diese Feier gewöhnlich genannt wurde; um ihn herum nahmen die Priester einen besonderen Platz ein; die Diakonen gingen ihm beim Meßopfer zur Seite mit ihren Dienstleistungen (dem Diakoniren). Auch für die Laien war eine bestimmte Ordnung vorgeschrieben, ihr Platz gesondert von dem des Klerus, sie selbst nach Verschiedenheit der Geschlechter getrennt, und Diakone leiteten die Theilnahme der Laien an der hl. Handlung durch besondere Zurufe, von denen sich noch bis auf den heutigen Tag Spuren in der katholischen Liturgie erhalten haben (Ite, Missa est; Flectamus genua; Levate etc.). Eine solche anschauliche Darstellung der eucharistischen Feier kann nicht eine zufällige Uebereinstimmung sein; Clemens hatte offenbar, da er diese Worte schrieb, den christlichen Gottesdienst vor Augen, und wir werden somit in unserm Schlusse bestärkt, daß wir die ganze Stelle auf das Opfer des Neuen Bundes zu beziehen haben. Das beweisen endlich auch die specifisch-christlichen Ausdrücke, deren sich Clemens zu seiner Darstellung bedient. Er legt nämlich den Leviten das Diakoniren bei, ein Ausdruck, der im Alten Testamente nie zur Bezeichnung der levitischen Verrichtungen gebraucht wird; diese werden vielmehr in der Regel Liturgie genannt, welches Wort unter Christen gewöhnlich von der eucharistischen Feier gebraucht und auch wirklich an unserer Stelle von dem diese Feier vornehmenden Bischofe ausgesagt wird. Ferner ist Laie ein specifisch-christlicher, im Alten Testamente unbekannter Ausdruck. Schon v. Döllinger wies darauf hin, daß dem genannten Worte kein hebräisches entspricht. Er bemerkte zugleich, Clemens habe den Ausdruck „Danksagung" mit Bezug auf die Eucharistie gewählt, als den Hauptact und Mittelpunkt des kirchlichen Gottesdienstes. (Christenthum und Kirche S. 312.) Denselben christlichen Charakter haben endlich die Worte: „Canon der Liturgie". Wir sind deshalb nicht nur berechtigt, sondern genöthigt, die ganze Stelle auf die christliche Kirche und ihren Gottesdienst zu beziehen. Wenn aber dieses, so bezeugt Clemens, 1) daß die dreifach gegliederte Hierarchie (der Bischöfe, Priester und Diakonen), sowie der Unterschied zwischen Klerus und Laien göttlicher Anordnung ist (denn darauf bringt er an unserer Stelle am Meisten: Alles müsse gemäß der von Gott getroffenen Bestimmung geschehen); 2) daß an der Spitze der einzelnen Kirche ein Oberpriester, d. i. Bischof, stand.

Die alttestamentliche Ausdrucksweise zur Bezeichnung der kirchlichen Hierarchie darf uns nicht befremden. Der hl. Clemens nennt die drei Grade derselben nicht Bischöfe, Presbyter und Diakone, sondern Hohepriester, Priester, Leviten. Das darf uns, wie gesagt, nicht auffallen; denn es war jenem Apostelschüler ganz geläufig,

7

an die Engel der sieben asiatischen Kirchen. Diese sind offenbar die Vor=
steher jener Gemeinden; denn in der prophetischen Sprache, deren sich
Johannes in jenem Buche gerne bedient, werden ja dieselben mit dem
Namen „Engel" bezeichnet. Auch unterscheidet der hl. Johannes sehr
deutlich die Engel von ihren Gemeinden. Jene wurden in der Vision
durch die sieben Sterne, diese durch die sieben Leuchter bedeutet. (1. Kap. 20.)
Nach einer durch die besten Handschriften bezeugten und von den ange=
sehensten unter den neuern protestantischen Herausgebern angenommenen
Lesart wäre Jezabel, von der im 2. Kapitel die Rede ist, die Frau des
Engels von Theatyra, dieser also offenbar nicht eine Gemeinde, sondern
ein einzelner Mann, der wegen der Sendung und Vollmacht, die er als
kirchlicher Vorsteher von Gott erhalten, Engel (d. i. Gesandter, Apostel
oder auch wegen der im N. B. zu verkündigenden frohen Botschaft
Evangelist) genannt wird. Daß die Engel der Kirche nichts anders
als deren Vorsteher, Bischöfe waren, geht endlich aus der an dieselben
gerichteten Rede hervor: einige werden wegen ihrer Sorgfalt für die
Kirche gelobt, andere getadelt, weil sie durch ihre Fahrlässigkeit dem Aer=
gerniß und besonders den Irrlehren in ihren Gemeinden nicht kräftig
wehrten; ihnen lag also die Sorgfalt für diese Kirchen ob.

---

die christlichen Verhältnisse durch die typischen Worte, Bilder, Beispiele des Alten
Testamentes darzustellen. Sein ganzer Brief trägt dieses Gepräge; nennt er doch
Christus „einen Hohepriester unserer Opfer". Dieses Verfahren des hl. Clemens
macht es uns auch erklärlich, warum derselbe so leicht von christlichen Dingen auf
alttestamentliche übergeht; so erwähnt er an unserer Stelle gleich, nachdem er er=
mahnt, Jeder solle bei der eucharistischen Feier seine Rangordnung einhalten, ein alt=
testamentliches Gesetz, das unter Todesstrafe verbot, die Opfer anderswo, als in Je=
rusalem darzubringen. Hieraus den Schluß ziehen wollen, daß auch das Vorher=
gehende, die Erwähnung der dreifach gegliederten Hierarchie, sich ausschließlich, wie
dieses Opfergesetz, auf das Alte Testament beziehe, ist wegen jenes dem hl. Clemens
beliebten Verfahrens ganz unzulässig. Auch findet noch eine bedeutende Verschieden=
heit zwischen beiden Stellen Statt. Nachdem er der drei Stufen der Hierarchie und
der Laien Erwähnung gethan, faßt er, wie wir gesehen, das Gesagte ohne allen
Uebergang in den Worten zusammen: „Jeder von Euch soll in seiner Rangordnung
die eucharistische Feier begehen." Da er aber von jenem alttestamentlichen Gesetze
gesprochen, macht er die Anwendung auf christliche Verhältnisse nicht unmittelbar, son=
dern macht den Uebergang durch einen Schluß a majori: „Sehet, Brüder, je größere
Erkenntniß wir (Christen) erhalten haben, desto größerer Gefahr sind wir unter=
worfen." Wie dieser Uebergang beweist, daß jenes alttestamentliche Gesetz an und
für sich die Christen nicht angeht, so zeigt der Mangel eines solchen Ueberganges an
der ersten Stelle, daß die dortige Erwähnung der Hierarchie sich unmittelbar auf
christliche Verhältnisse bezieht, daß mithin auch der hl. Clemens bezeugt, der Bischof
und nicht ein Collegium von Priestern stehe an der Spitze der einzelnen Kirchen.

120. Also auch nach dem Zeugnisse der hl. Schrift waren vor dem Tode des letzten Apostels bereits Bischöfe an der Spitze der einzelnen asiatischen Kirchen. Dieses Amt war ein Ausfluß der Gewalt der Apostel, die, wie oben bewiesen, eine wahre Regierungsgewalt über die Kirche hatten und dieselbe nach der Absicht Christi auch Andern mittheilen sollten. So geschah es, wie eben dort bewiesen wurde, mit Timotheus, den Paulus zur Ordnung der kirchlichen Verhältnisse in Ephesus zurückließ, und den die ephesinische Kirche von jeher als einen ihrer Bischöfe betrachtete.

Es durchdringen sich somit in unserer Frage das göttliche und menschliche Zeugniß in wunderbarer Weise. Aus ihnen erhellt sonnenklar, daß bereits die Apostel die Bischöfe angestellt und ihnen die Regierung der Kirche übertragen. Ebenso wenig kann bezweifelt werden, daß sie dieses im Auftrage des Herrn gethan, der sie mit der Gründung und Einrichtung seines Reiches betraut. Was also Paulus in seiner Abschiedsrede zu den Bischöfen gesagt, daß „der heilige Geist sie gesetzt zu regieren die Kirche Gottes", das erhält ein tausendfaches Echo aus der Geschichte.

121. Doch jetzt müssen wir erwägen, was die Gegner diesen lauten Stimmen der gewichtigsten Zeugnisse entgegensetzen. Aus dunkeln Texten und Vorgängen machen sie Vermuthungen, als ob jene Dunkelheit nicht durch das Licht der klarsten Thatsachen erhellt würde. Der Brief an die Philipper, so sagen sie, ist an die Gläubigen dieser Gemeinde „sammt den Bischöfen und Diakonen" gerichtet. (1, 1.) Es gab also damals noch nicht die dreifache Hierarchie, ebensowenig stand ein Bischof an der Spitze jener Gemeinde, sondern Presbyter (Aelteste), die von Paulus Bischöfe genannt werden. Auch heißt es in der Apostelgeschichte (20, 17.), Paulus habe von Milet nach Ephesus gesandt und die Presbyter der Gemeinde berufen. Diese Presbyter nennt nun Paulus bald darauf „Bischöfe". Ueberhaupt werden in der Sprache der hl. Schrift Presbyter mit Bischöfen beständig verwechselt. Es ist also falsch, daß die Bischöfe von den Gemeindeältesten verschieden sind, und Ein Bischof als Vorsteher die Kirche regiert.

Auf diesen Einwand ist nun leicht zu antworten. Zugegeben, daß sich Alles wirklich so verhielte, wie die Gegner voraussetzen, so ist dennoch der Schluß verkehrt, den sie daraus ziehen. Denn es wird nur so viel dadurch bewiesen, daß in den ersten Anfängen der christlichen Kirche noch nicht für Alles die Ausdrücke genau bestimmt waren und deßhalb leicht mit einander verwechselt wurden. Wer wird sich auch darüber wundern? Mit dem Christenthum kam eine ganz neue Ordnung der Dinge zum Vorschein; Christus und die Apostel hatten aber nicht den Ehrgeiz unserer neuen Erfinder, die, sobald sie etwas Neues erdacht oder auch nur glauben erdacht zu haben, sogleich mit einem griechischen oder einem andern Fremdwort zur Benennung ihres Sprößlings bei der Hand sind. Deßhalb bildeten sich die Ausdrücke in der christlichen Kirche zum großen Theil allmählig aus der Anschauung der Sachen heraus. Kein Wunder also, daß für die doppelte Ordnung der kirchlichen Vorsteher nicht sogleich überall und beharrlich dieselben beiden verschiedenen Ausdrücke angewandt wurden. Wie lange hat es auch gedauert, bis die Wörter: Person, Hypostase, Natur, Substanz, Sacrament und die Bezeichnungen für die einzelnen Sacramente eine ganz bestimmte Bedeutung und Geltung erlangt! Es folgt also gar nichts aus dem schwankenden Gebrauch der Ausdrücke Presbyter und Bischof.

122. Dieses wird noch einleuchtender, wenn wir nicht im Allgemeinen bleiben, sondern zum Einzelnen hinabsteigen. Die Bischöfe sind zugleich Presbyter, sie können also auch Priester genannt werden und wir geben gerne zu, daß dieses wirklich in der Schrift geschieht. Dagegen leugnen wir zuversichtlich, daß ein einziger ganz sicherer Fall vorliegt, in dem Priester von der Schrift Bischöfe genannt sind. Doch wenn es auch der Fall gewesen, es würde das, wie schon gesagt, nichts beweisen.

Sehen wir uns nun die beiden, uns vorgehaltenen Schrifttexte an, zuerst die Stelle aus der Apostelgeschichte. Hier wird grundlos vorausgesetzt, daß Paulus nur Presbyter aus der Gemeinde von Ephesus vor Augen gehabt. Das Gegentheil muß vielmehr angenommen werden. Der Apostel glaubte nie mehr in diese Gegend zu kommen, er sah im Geiste die großen Trübsale voraus, die über die asiatischen Kirchen hereinbrechen würden. Darum läßt er deren Vorsteher noch einmal zu sich kommen, um sie unter Thränen bei dem Blute Christi zu beschwören, doch für ihre Heerden zu sorgen. Wer möchte nun glauben, daß Paulus, dessen Herz mit so unaussprechlicher Liebe an allen von ihm gestifteten Gemeinden hieng, nur an Ephesus und nicht auch an die benachbarten Gemeinden gedacht habe? Wir müssen also annehmen, daß in Milet die Vorsteher mehrerer Kirchen versammelt waren; nach Ephesus hatte aber Paulus geschickt, um sie zu sich zu rufen, weil mit dieser ersten Stadt Kleinasiens die andern in fortwährendem Verkehre standen. Diese Annahme wird von einem competenten Zeugen bestätigt, von Irenäus (c. haer. 4, 14.), der, aus jener Gegend gebürtig, die Sache aus zweiter Hand wissen konnte. Saß aber Paulus die Vorsteher mehrerer Kirchen vor sich, so konnte er ihnen sagen, daß der hl. Geist sie zu Bischöfen gesetzt.

123. Es bleibt zu unserer Erörterung aber noch die Stelle aus dem Philipperbrief übrig. Paulus grüßt nämlich im ersten Verse dieses Schreibens die Christen in Philippi, „sammt den Bischöfen und Diakonen." Vergegenwärtigen wir uns nun, daß derselbe aus einer Zeit datirt, wo das Christenthum eben erst verbreitet wurde. Für eine solche Zeit sind außerordentliche Umstände vonnöthen, die nach der festen Gründung der Kirche wegfallen. Was hindert uns nun anzunehmen, daß Paulus in Philippi, der Erstlingsgemeinde Europa's, als einer Mutterkirche, von der aus in der Umgegend andere Gemeinden gestiftet werden sollten, mehrere Bischöfe geweiht? Aehnliches soll ja auch Petrus in Rom gethan haben. Etwas Analoges sind die spätern Regionarbischöfe, die für die Heidenkirchen ohne bestimmten Sitz geweiht wurden. Solche außerordentlichen, für die Missionszustände nothwendigen Erscheinungen fallen natürlich später bei dem festen Bestande des Christenthums weg und können nur von Unverständigen als Norm aufgestellt werden. Daß aber nichtsdestoweniger auch in Philippi Einer an der Spitze der Gemeinde stand, erhellt aus den Worten, „treuer Amtscolleg" (wörtlich: Mitgespan), die Paulus einem Philippenser (4, 3.) beilegt. Doch gesetzt, es wäre gar kein Bischof in Philippi gewesen, sondern Presbyter, denen Paulus den Namen Bischöfe gab, hätten die Gemeinde geleitet, so kann auch das nichts gegen die katholische Lehre verfangen. Aehnliches sehen wir auch jetzt noch in Missionen, in denen wenig Christen bekehrt sind; einfache Priester regieren dieselben aus apostolischer Delegation, sie haben nicht die Weihe, wohl aber die Jurisdiction der Bischöfe. Solche konnten insofern besonders in jener Zeit, in der die Benennungen noch so schwankend waren, recht gut Bischöfe genannt werden. Alles das sind aber nur Hypothesen, da weder die Gegner, noch wir etwas Sicheres über die ersten Zustände der Gemeinde in Philippi wissen.

124. Etwas aber ist sicher, etwas über allen Zweifel erhaben: Hypothesen und Vermuthungen sind nur bei dunkeln, nicht aber bei sonnenhellen Thatsachen der Geschichte am Platze; aus den von uns vorgebrachten Zeugnissen aber erhellt klar wie das Mittagslicht, daß die Apostel, als sie im Auftrag Christi die Kirche gegründet, mit der Regierung einzelner Kirchen Bischöfe betraut. Das ist, wie schon Irenäus, der

Jünger eines Apostelschülers, in der schon oben angeführten Stelle sagt, „der Charakter des Leibes Christi", das „die Form" der über die ganze Welt zerstreuten Kirche. Auch aus dieser, selbst nach dem Urtheil der Gegner bereits im zweiten Jahrhundert herrschenden Uebereinstimmung in der Regierungsform der Kirche strömt neues Licht zum Beweise der katholischen Wahrheit; weist sie doch unwiderleglich auf die Gründer der Kirche hin, als auf die einzig denkbare Ursache einer so großen Harmonie im zweiten Jahrhunderte. Doch davon war bereits die Rede. [1]

---

[1] Weil die Gegner gewöhnlich zwei Stellen aus den Werken des hl. Hieronymus gegen die katholische Wahrheit vorbringen, wollen wir kurz diesen Einwurf widerlegen. Die fraglichen Worte sind in sichtlicher Entrüstung von einer derben Natur gesprochen; wer legt denn eine solche Rede auf die Goldwage? wer wollte vollends damit Thatsachen entkräften, die Jahrhunderte vorher geschehen und durch die glaubwürdigsten Zeugnisse bestätigt sind? Doch sehen wir uns die Worte einmal näher an, wir können sicher sein, daß Hieronymus nicht die dem Episkopate zustehende Würde in Abrede stellen werde. „Wir sind," schreibt er selbst in großem Unmuthe über einen Bischof, „nicht so aufgeblasen, daß wir nicht wüßten, was den Priestern Christi (den Bischöfen nämlich) gebührte. Denn wer sie aufnimmt, nimmt denjenigen auf, dessen Bischöfe sie sind." (Ep. 82. Opp. Ed. Migne I, 743.) Die Ansicht des hl. Vaters über die kirchliche Hierarchie war folgende: In derselben gibt es mehrere „Grade": Bischöfe, Presbyter, Diakone. (In c. VII. Mich. Opp. VI, 1220.) Ein charakteristisches Merkmal der Kirche gegenüber der Montanistischen Häresie besteht darin, daß bei den Katholiken die Bischöfe als Nachfolger der Apostel gelten und das Höchste sind. (Ep. 42. I, 476.) „Das Heil der Kirche hängt von der Würde des höchsten Priesters ab; wenn ihm nicht eine außerordentliche und über Alle erhabene Gewalt verliehen wird, entstehen so viele Spaltungen in der Kirche, als es Priester gibt." (Cont. Lucifer. n. 9. II. 165.) Von solchen „Königen der Kirchen" unterscheidet Hieronymus die Priester als „den zweiten Grad in der kirchlichen Ehre". (In C. XII. Jeremiae IV, 765.) An der Stelle, die uns vorgeworfen wird (ep. 146. I, 1193), sagt er nun freilich, Bischof sei ein und dasselbe mit Presbyter, in wiefern nämlich Beide Priester sind, aber er unterscheidet in dem Einen Priesterstande zwei Ordnungen; im Gegensatz zum „Hohepriester" (Pontifex, summus Sacerdos) nennt Hieronymus die Presbyter „Priester einer niedern Ordnung". (Ep. 108.) Die geistlichen Verrichtungen waren damals für das Gewöhnliche jenem vorbehalten, doch wurden auch die Presbyter in besondern Fällen dazu bevollmächtigt, die Weihe ausgenommen, und in soferne konnte Hieronymus sagen: „Was thut mit Ausnahme der Weihe der Bischof, das nicht auch der Presbyter thut?" (l. c.) Dieser Zusatz (mit Ausnahme der Weihe) deutet aber genugsam an, daß Hieronymus von der zu seiner Zeit durch die Kirche verworfenen Häresie des Aerius himmelweit entfernt war und einen wesentlichen Unterschied zwischen Episkopat und Presbyterat annahm. Dagegen verschlägt durchaus nicht seine Erzählung, vormals habe nach dem Tode des jeweiligen Bischofes von Alexandrien das dortige Presbyterium den „Bischof ernannt". Er konnte das als eine besondere Auszeichnung des Presbyterates hervorheben, weil zu seiner Zeit der ganze Klerus unter der Leitung der benachbarten Bischöfe in Gegenwart des Volkes die Bischofs-

125. Da wir also durch ſichere Gründe den apoſtoliſchen und gött=
lichen Urſprung der biſchöflichen Gewalt gezeigt haben, können wir jetzt
von dieſem feſten Fundamente aus die 25. Theſe erörtern und wider=
legen. Dieſelbe lautet:

> Außer der dem Episkopat innewohnenden Gewalt iſt ihm eine andere zeitliche
> Gewalt verliehen, welche vom Staate entweder ausdrücklich oder ſtillſchweigend zu=
> geſtanden worden iſt und daher vom Staate nach Belieben widerrufen werden kann.

Es iſt eben das die ſchlimme Seite an den Gegnern der Kirche,
daß ſie das Gift ihrer Lehre unter ſchönen Worten und Redensarten
verbergen, die für den Ungebildeten ganz unſchuldig ſcheinen; häufig
laſſen ihre Behauptungen wegen der Zweideutigkeit einen vernünftigen
Sinn zu, während doch eben das, was ſie damit ſagen wollen, grund=
falſch und verkehrt iſt. So iſt es auch mit der 25. Theſe. Sie kann
auf den erſten Blick verfänglich oder gar wahr erſcheinen; denn man
kann nicht leugnen, daß manche Staaten den Biſchöfen Privilegien ge=

---

wahl vornahm, und ſomit das Presbyterium bei dieſem wichtigen Acte ſehr in den
Hintergrund gedrängt wurde. Daß aber jene Prieſter von Alexandrien nicht nur
den Biſchof gewählt, ſondern ſelbſt geweiht hätten, ſagt Hieronymus mit keiner
Silbe. Was den Urſprung des Episkopates betrifft, ſo ſchreibt er im Commentare
zum Briefe an Titus (Opp. VII. 562) Folgendes: „Bevor Eiferſucht in der Reli=
gion ward und geſagt wurde: Ich bin des Paulus u. ſ. w. (1. Cor. 1, 12.), wur=
den die Kirchen durch einen gemeinſamen Rath der Presbyter regiert. Nachdem
aber Jeder die von ihm Getauften als die Seinigen und nicht als die Angehörigen
Chriſti betrachtete, wurde auf dem ganzen Erdkreis beſchloſſen, daß Einer aus den
Presbytern erwählt und den Uebrigen vorgeſetzt würde, dem die ganze Sorge für
die Kirche zufiele." Mag demnach Hieronymus die allgemeine Einführung des Epis=
kopates nicht in die allererſten Jahre der Kirche ſetzen, ſicher verlegte er dieſelben in
die apoſtoliſchen Zeiten, wo bereits jene Parteiungen ſich zeigten. In andern Bü=
chern (Chronicon, de viris illustr.) führt er die Reihe der Biſchöfe in den vor=
züglichſten Städten bis auf die Apoſtel zurück, läßt die „Biſchöfe Aſiens" den hl.
Johannes bitten, ſagt, Polykarp ſei von eben dieſem zum Biſchof beſtellt; Evodius
iſt nach ihm bereits in den erſten Jahren des K. Claudius, Jakobus gar „unmittelbar
nach dem Leiden des Herrn" zum Biſchofe geſetzt. Wenn er aber behauptet, die
höhere Stellung des Biſchofes ſei mehr „durch die Gewohnheit, als durch die Wahr=
heit der göttlichen Anordnung" entſtanden, ſo hatte er offenbar die damalige Discip=
lin im Auge, kraft welcher, wie er unmittelbar vorher erwähnt, „die ganze Amts=
ſorge (ſelbſt das Taufen) dem Einen (Biſchofe) übertragen war." In einer ſolchen
Stellung war allerdings Manches, was die Gewohnheit hervorgebracht und ſpäter
wieder aufgehoben hat. Wollte Hieronymus gänzlich den göttlichen Urſprung des
Episkopates leugnen, ſo hätte er ſagen müſſen: derſelbe ſei nicht durch die göttliche
Anordnung, ſondern durch die Gewohnheit entſtanden. Jetzt aber behauptet er bloß:
mehr durch das Eine, als durch das Andere. Im Commentar zum Iſaias erklärt
er übrigens auf das Beſtimmteſte, die Einſetzung des Episkopates ſei von Gott vor=
hergeſagt. (Opp. IV, 596.)

geben, die nicht im Wesen des bischöflichen Amtes liegen. Aber dieser trügerische Schein muß bei einer genauern Betrachtung alsbald verschwinden. Die These handelt nicht von den Bischöfen dieses oder jenes Landes, dieser oder jener Zeit, sondern von dem Episkopat überhaupt, von der Gewalt, welche die Bischöfe im Allgemeinen ausüben; es ist aber ganz gewiß, daß die dem Episkopat überhaupt zustehende Gewalt, wie das bischöfliche Amt selbst von Gott, nicht aber von der willkürlichen Verleihung des Staates herrührt. Was auf dieser beruht, ist verschieden je nach Verschiedenheit der Staaten und Zeiten.

126. Noch mehr erhellt die Falschheit der These, wenn wir sie in Verbindung mit dem gegnerischen Systeme betrachten. Dieses unterscheidet nämlich scharf zwischen geistlichen und zeitlichen Dingen, oder auch zwischen innern und äußern kirchlichen Angelegenheiten. Alle Gewalt der Kirche über zeitliche Dinge, — und was rechnen sie nicht dazu? sogar die Ehe und das Eheband — alle Verwaltung der äußern Angelegenheiten leiten sie aus der willkürlichen Verleihung von Seiten des Staates her, und weil sie die Bischöfe auch mit jener Verwaltung betraut sahen, behaupteten sie, eine derartige zeitliche Gewalt liege nicht in ihrem Amte, wie es Gott bestellt, sondern der Staat habe dieselbe ihnen verliehen und könne sie ihnen auch wieder nehmen. Auf eine ausführliche Widerlegung dieser Ansicht brauchen wir uns nicht einzulassen; wir haben früher gezeigt, daß das Fundament, worauf sie beruht, ganz haltlos ist. Die Kirche ist nämlich, wie wir bewiesen, nicht nur unabhängig in der Verwaltung ihrer innern, sondern auch ihrer äußern Angelegenheiten, es kommt ihr auch eine mannigfache Gewalt über zeitliche Dinge zu, freilich nur in Absicht auf das überirdische, ewige Ziel der Menschen.

Um nun auch zum Einzelnen hinabzusteigen, können wir kurz Nuyts widerlegen, der sich gegen unsere These auf die bischöfliche Gerichtsbarkeit über den Klerus in zeitlichen Dingen beruft. Wir schließen also: wenn der besondere Gerichtsstand des Klerus göttlicher Anordnung ist, so kommt auch dem Bischofe kraft göttlicher Anordnung und nicht erst kraft willkürlicher Bewilligung von Seiten des Staates jene Gerichtsbarkeit zu. Nun aber beruht, wie wir oben gezeigt, der besondere Gerichtsstand des Klerus auf göttlicher Anordnung. Der Schluß hiervon ergibt sich von selbst. In der That, nicht erst der Staat, sondern schon die hl. Schrift legt dem Bischofe in ganz allgemeinen Ausdrücken die Gerichtsbarkeit über die Priester zu (1. Timoth. 5, 19.).

Aehnliches muß gegen Nuyts von der bischöflichen Gerichtsbarkeit in Ehesachen behauptet werden. Nach dem System desselben hat näm= lich die Kirche ihre Gewalt über den Ehevertrag und die Sponsalien erst durch den Staat erhalten; wie falsch dieses sei, ist ausführlich in der III. Broschüre bewiesen worden.

Wenn endlich der Liberalismus behauptet, daß das Eigenthums= recht der Kirche vom Gutdünken des Staates abhange, so folgt hieraus ganz dasselbe für die kirchliche Verwaltung. Doch auch die Falschheit jenes Grundsatzes haben wir hinlänglich gezeigt. Wir können uns darum kurz fassen. Da die Selbstständigkeit aller dieser kirchlichen Rechte fest= steht, so muß besagte Gerichtsbarkeit und Verwaltung denen zukommen, welche der hl. Geist gesetzt hat, die Kirche Gottes zu regieren. Das sind aber die Bischöfe und zwar sie allein, nicht die weltlichen Fürsten. 127. Die bischöfliche Gewalt, wie sie in der katholischen Kirche ist und wirket, rührt also nicht vom Staate, sondern von Gott her. Ziehen wir aus dieser Wahrheit eine wichtige Folgerung, welche über die kirchliche Gewalt und ihre Träger das größte Licht verbreitet.

In Gottes Werken herrscht eine wunderbare Einheit und Ordnung, besonders aber in dem herrlichsten aller göttlichen Werke, der katholischen Kirche. Die höchste Einheit und Ordnung muß eben deshalb den Episkopat auszeichnen. Was würde auch sonst aus der kirchlichen Einheit werden, für welche Gott sein Blut in reichlichen Strömen vergossen hat? Tren= nung und Zwiespalt zwischen den Kirchenfürsten müßte nothwendig Trennung und Zwiespalt zwischen den ihnen unterworfenen Gläubigen nach sich ziehen. Ohne Einheit im Episkopate keine Einheit der Kirche. Wäre aber noch Einheit im Episkopate und in der Kirche, wenn jeder Bischof mit voller Unabhängigkeit seine Diözese regierte? Offen= bar nicht. Es wären so viele verschiedene Kirchen, als es unabhän= gige Mittelpunkte ihrer Regierung gäbe; es wären so viele Reiche, als unabhängige Fürsten.

128. Allein ohne die Einheit besteht auch keine Ordnung; denn die Einheit ist das Princip der Ordnung. Bei jener Annahme wäre mithin, während alles Andere, das von Gott kommt, geordnet ist, in dem herr= lichsten aller göttlichen Werke keine Ordnung. Welche Thorheit! Welcher Widersinn!

Wir können deshalb von vornherein annehmen, daß der Episkopat durch Ueber= und Unterordnung seiner Träger, durch Organisation seiner Glieder unter Einem Haupte nach Gottes Willen zu Einem Körper verbunden ist. Diese Annahme ist richtig, es verhält sich nach dem Zeugnisse der hl. Schrift in der That so.

129. Wenn, wie öfter bemerkt, die den Aposteln gegebene Vollmacht zu binden und zu lösen eine wahre Gewalt bezeichnet, so war vorher (Matth. 16, 18.) dem Petrus und zwar ihm, dem Simon, des Jonas Sohn, allein die Gewalt zur Regierung des Gottesreiches, d. i. der ganzen Kirche, gegeben, um anzudeuten, daß nichts ohne seine Theil=nahme, ohne Gemeinschaft mit ihm, auf einen Anderen übergehen sollte, und daß insofern der Herr nur durch ihn die Gewalt gab, die er den Anderen nicht verweigerte [1]. Es war, wie Bossuet in seiner Rede über die Einheit der Kirche so schön auseinandersetzt, offenbar die Absicht Jesu Christi, zuerst einem Einzigen zu geben, was er in der Folge Meh=reren verleihen wollte; aber die Folge stößt die anfängliche Verordnung nicht um, und der Erste verliert nicht seinen Rang. Denn die Ver=heißungen Christi sind, wie seine Geschenke, ohne Reue, also unver=brüchlich, und was er einmal unbeschränkt und allgemein gegeben hat, ist unwiderruflich. Durch die zu allen Aposteln gesprochenen Worte wurde also nichts an dem geändert, was dem Petrus vorher gesagt war. Die diesem zuerst gegebene Verheißung: Was du binden wirst u. s. w. hatte nun aber seiner Gewalt die Kirche, das Himmelreich, mithin auch die darin begriffenen Apostel untergeordnet; dabei blieb es also auch, da Christus zu den Aposteln dieselben Worte sprach. Wir wollen gar nicht davon reden, daß die den Vielen verliehene Gewalt schon durch ihre Theilung beschränkt wird, während die einem Einzigen und ihm über Alle und ohne Einschränkung gegebene Gewalt, wie sie dem Petrus zu Theil wurde, nothwendig die ganze Fülle in sich schließt. Ferner ist Petrus auch später noch von Christus mit der Gewalt betraut, die Schafe und Lämmer des Herrn zu weiden. Gehören hiezu nicht auch die übri=gen Apostel? Wer zweifelt daran? Denn mochten sie auch Hirten sein gegenüber den einfachen Gläubigen, sie mußten sich doch von Christus führen und regieren lassen und mithin auch von dem, welchem Christus das Weiden seiner Schafe und Lämmer, die Hut seiner ganzen Heerde anvertraut hatte. C'est à Pierre qu'il est ordonné de paître et gouverner tout, et les petits et les mères et les pasteurs mêmes. Pasteurs à l'égard des peuples et brebis à l'égard de Pierre, ils honorent en lui Jésus-Christ.

---

[1] S. Leo Serm. IV. Opp. ed. Ballerini I. col. 16.

130. So hat Christus eine feste Einheit durch die Unterordnung der Apostel unter Petrus begründet. Sollte nun diese Organisation bleiben oder sofort wiederum mit den Aposteln von der Erde verschwinden? Welche Frage! „Niemand," sagt Augustin, „tilgt hinweg vom Himmel die Anordnung Gottes, Niemand tilgt hinweg von der Erde die Kirche Gottes [1]," die Kirche nämlich mit der Einrichtung, der Verfassung, der Lehre, die Gott ihr gegeben, ohne welche sie aufhörte, die Kirche Gottes zu sein. Sind aber alle göttlichen Anordnungen hoch erhaben, wie das Firmament, über der Menschen Willkür, so ganz besonders die Einrichtung, durch welche er die Einheit seiner Kirche sichert, die Einheit, welche er um den Preis seines Blutes und Lebens erkaufte (Joh. 11, 52; Eph. 2, 13. 14, 16). „Es bleibt also die Anordnung der Wahrheit." „Wie immerdar dasjenige währt, was Petrus in Christus bekannt hat (die Gottheit), so währt immerdar, was Christus in Petrus eingesetzt (der Primat) [2]."

Die den Aposteln zur Regierung der Kirche verliehene Gewalt sollte fortdauern und dauert wirklich im Episkopate fort, das haben wir im ersten und im letzten Kapitel dieser Broschüre genugsam bewiesen. Als Zweck der apostolischen Gewalt bezeichnete Christus, alle seine göttlichen Anordnungen unter allen Völkern bis an's Ende der Welt zu erhalten (Matth. 28, 20); dafür versprach er ihr seinen wirksamen Beistand und Schutz bis zur Vollendung der Zeiten, und eine solche Gewalt, zur Erhaltung der göttlichen Anordnungen von Gott gegründet und mit dessen Macht ausgerüstet, sollte in sich selbst nicht die Einrichtung bewahren, die Gott ihr gegeben? Aber hören wir auf so zu fragen, verweilen wir nicht länger bei dieser all zu klaren Sache. Die monarchische Organisation also, die Christus dem Apostolate gegeben, bleibt auch in der Fortsetzung desselben, dem Episkopate. Die Nachfolger Petri erben dessen Vollgewalt, wie über die Kirche überhaupt, so auch über die Bischöfe.

131. Aber diese Form, welche sich nach dem ausdrücklichen Willen Christi im Ganzen bewahren sollte, prägte sich auch in den großen Theilen dieses unermeßlichen Körpers aus. „Nach dieser Form," sagt der h. Leo, „ist die Unterscheidung der Bischöfe entstanden, und durch eine wich-

---

[1] Ep. 43. n. 27. Opp. Ed. Mon. S. Mauri II., col. 100.
[2] S. Leo Serm. III. l. c. col. 12. Siehe hierüber auch das ganze III. Kapitel der ersten Broschüre: Vorfrage über die Verpflichtung.

tige Anordnung ist vorgesehen, daß nicht ein Jeder sich Alles anmaße, sondern daß in jeder Provinz das Urtheil Eines unter den Brüdern als das erste gelte, und daß hinwiederum gewisse in größeren Städten angestellte eine umfangreichere Sorge übernehmen, durch welche dann die Regierung der gesammten Kirche zu dem Einen Stuhle Petri zusammenfließen sollte, damit auf diese Weise Niemand von seinem Haupte getrennt sei [1]."

132. So ist der Stuhl Petri die Quelle der Einheit, der Brennpunkt, aus dem die Strahlen der kirchlichen Regierung hervorgehen, und in dem sie wieder zusammen kommen, der Eine Stuhl, wie Optatus sagt, in dem allein Alle die Einheit bewahren. Durch diese Verfassung ist Alles stark in der Kirche, weil Alles in ihr göttlich und unter sich verbunden ist; wie jeder Theil göttlich ist, so ist auch das Band göttlich. Die kirchliche Gewalt, welche von Gott bei ihrer Einsetzung zuerst nur der Person eines Einzigen verliehen war, hat sich nach den Worten des hl. Cäsarius von Arles nur unter der Bedingung auf Mehrere ausgebreitet, daß sie immer wiederum zum Principe ihrer Einheit zurückgeführt werde, und daß Alle, welche sie ausüben, sich unzertrennlich mit demselben Stuhle geeinigt halten müssen. Demgemäß ist die Zusammengehörigkeit in dem großen Körper der Kirche derartig, daß, wenn ein einzelner Bischof nach der Regel und in dem Geiste der katholischen Einheit, in liebender und unterwürfiger Gemeinschaft mit dem Stuhle Petri etwas thut, es mit ihm die ganze Kirche, der ganze Episkopat, und das Haupt derselben thut. Kraft dieser innigen Verbindung und der daraus entspringenden Einheit handelt jeder Theil mit der Kraft des Ganzen.

133. Wir begreifen jetzt erst [2], welche Autorität, welche Macht einem katholischen Bischofe inne wohnt. Er ist nicht vereinzelt, sondern hinter ihm steht der gesammte Episkopat, die Kirchenfürsten des Erdkreises, hinter ihm die unermeßliche, katholische Weltkirche. Er hat einen unerschütterlichen Haltpunkt am Felsen Petri, der die ganze Kirche mit göttlicher Kraft trägt, an jenem Felsen, der Allem, was sich auf ihn stützt, seine Festigkeit mittheilt und Alles zerschmettert, was sich wider ihn erhebt. Das ist das Geheimniß der wunderbaren Macht eines Bischofes.

---

[1] Ep. XIV. ad Anast. col. 691.

[2] Das ist der Grund, weßhalb wir in diesem Kapitel, welches von den Bischöfen und ihrer Gewalt handelt, bereits Einiges über den hl. Stuhl sagen mußten. Wir werden übrigens noch eine eigene Broschüre über das Papsthum folgen lassen.

Wir begreifen nun aber auch, warum die Feinde der Kirche gerade die Verbindung der Bischöfe mit dem heiligen Stuhle zu lockern suchen; warum sie dem freien Verkehr mit dem kirchlichen Mittelpunkte so große Hindernisse in den Weg gelegt haben; warum sie durch Vorspiegelung von Freiheit, durch Verdrehung der Kirchengeschichte, durch Entstellung der sogenannten ultramontanen Lehre, durch Verleumdung in Betreff angeblicher Machinationen und Eingriffe Roms die Eifersucht der Bischöfe gegenüber dem hl. Stuhle zu wecken trachten. Doch Gott sei es gedankt, dergleichen erbärmliche Künste verfangen gegenwärtig nichts. Selten oder nie war der Episkopat so mit dem hl. Stuhle geeinigt, als heutzutage. Darum aber auch besitzt er so große Autorität. Man denke doch nur, wenn man einen Beweis hiefür haben will, an das jüngst gehaltene Concil von Baltimore. Die Anzahl der dort versammelten Bischöfe war klein in Verhältniß zur Gesammtheit und dennoch hatte ihr Auftreten so viel Würde, solches Ansehen, daß es Alle zur Bewunderung fortriß und selbst die ärgsten Gegner der Kirche verstummen machte.

134. Gilt aber das von einzelnen Bischöfen, was sollen wir vom ganzen, wie Ein Mann mit dem heiligen Stuhle vereinigten Episkopate sagen? Welche Autorität, welche Lebenskraft, welche Majestät und zugleich welche Schönheit besitzt er nicht und durch ihn die katholische Kirche! Es ist das keine trügerische Schönheit, welche unter glattem Aeußern einen kranken Körper oder gar Moder verbirgt. Die Schönheit der Kirche kommt vielmehr aus ihrer Gesundheit, aus ihrer unsterblichen, unverwüstlichen Lebenskraft her, diese aber aus ihrer Einheit mit dem Felsen Petri, den jetzt schon achtzehn Jahrhunderte umwogen, und den auch in Zukunft die Pforten der Hölle nicht überwinden werden. Durch einen solchen Mittelpunkt aber sind Episkopat und Kirche nicht nur in sich fest geeinigt, sondern auch mit der ganzen christlichen Vergangenheit und Zukunft verbunden. Noch einmal, welche Majestät kommt nicht kraft dieses Bandes dem unsterblichen Fürstengeschlechte der Bischöfe, der ewigen, unermeßlichen Weltkirche zu!

135. Bossuet rief einst beim Anblicke dieser Einheit aus und auch wir werden gewiß den begeisterten Worten des großen Bischofs beistimmen: Begreifet ihr gegenwärtig diese unsterbliche Schönheit der katholischen Kirche, worin sich zusammenhäuft, was alle Orte, was alle Zeiten, gegenwärtige, vergangene, zukünftige, Schönes und Glorreiches besitzen? Wie schön bist Du in dieser Einheit, katholische Kirche! aber

zugleich wie stark! Schön, sagt das heilige Lied, und lieblich wie Jerusalem und schrecklich wie eine in Schlachtordnung gestellte Armee. Schön wie Jerusalem, wo man eine heilige Einmüthigkeit und eine bewunderungswürdige Ordnung unter einem und demselben Haupte sieht; schön in Deinem Frieden, wann Du, in Deinen Mauern versammelt, denjenigen lobest, der Dich erkoren, und dessen Wahrheiten seinen Gläubigen verkündest. Aber wenn Aergernisse entstehen, wenn die Feinde Gottes ihn mit ihren Lästerungen angreifen, dann rückst Du hervor aus Deinen Mauern und stellst Dich in Schlachtordnung, um sie zu bekämpfen; immerhin schön auch in diesem Zustande, aber zugleich wie schrecklich geworden! Denn wird nicht eine Armee, welche so schön in einer Heerschau prangt, wird sie nicht schrecklich, wenn sie in Schlachtordnung eine geschlossene Einheit bildet und alle ihre Waffen gegen den Feind kehrt! Wie schrecklich bist Du also nicht, heilige Kirche, wenn Du dahin ziehst, Petrus an Deiner Spitze, der vom Throne der Einheit herab Dich ganz einiget; die Häupter der Stolzen und jede Hoheit niederschmetternd, die sich wider die Wissenschaft Gottes erhebt; dessen Feinde drängend mit dem ganzen Gewichte Deiner geschlossenen Schaaren, sie erdrückend auf einmal mit der ganzen Autorität der vergangenen Jahrhunderte und mit dem ganzen Fluche der zukünftigen Jahrhunderte; die Häresien zerstreuend und sie häufig erstickend bei ihrer Geburt; bewegt und geeinigt von Jesus Christus, Deinem Haupte im Himmel, aber von ihm bewegt und geeinigt durch geeignete Werkzeuge, durch angemessene Mittel, durch ein sichtbares Haupt, das ihn vorstellt, das Dich in Allem mit voller Kraft handeln läßt und alle Deine Kräfte zu einer einzigen Handlung zusammenfaßt.

Inhalt.

———

———

Berichtigung.

In der VI. Broschüre S. 70, zweite Zeile von unten, ist durch ein Versehen Blömer als Protestant citirt.